Reise durch

OBERBAYERN AUS DER LUFT

Bilder und Texte von
Franz X. Bogner

Stürtz

Erste Seite:
Die Burg hoch über der Altstadt Burghausens ist mit einem guten Kilometer Ausdehnung die längste Burganlage Europas. Sie war über Jahrhunderte hinweg die erfolgreiche bayerische Trutzburg gegen Salzburg und Oberösterreich.

Vorherige Seite:
Weite Teile Oberbayerns wie hier im Alpenvorland sind noch landwirtschaftlich geprägt. Dies kann nicht darüber hinweg täuschen, dass Oberbayern eine höhere Bevölkerungsdichte tragen muss als Deutschland insgesamt.

Unten:
Der Chiemsee Reggae Summer (CRS) hat sich als Open-Air-Festival mit bis zu 25 000 Besuchern zu einem der größten Reggae-Festivals Europas entwickelt. Der Ort Übersee südlich des Chiemsees wird daher im August jeden Jahres von Besuchern förmlich geflutet.

Seite 10/11:
Die einzelnen Alpenketten erscheinen dicht gedrängt am Horizont, wenn man vom Oberland aus in die Alpen blickt. Schon der erste Bergriegel der Benediktenwand im Vordergrund ragt 1801 Meter auf.

Inhalt

12 Oberbayern als bayerische Region

20 München – die große Stadt an der Isar

34 Alte Städte, neuer Flughafen – die Münchner Region

48 Das Oberland, der Pfaffenwinkel und das Werdenfelser Land

64 Zwischen Lech und Saalach – Berge und Seen

78 Chiemgau und Rupertiwinkel im Südosten

110 Donaumoos, Donautal und Fränkische Alb

134 Register
135 Karte
136 Impressum

Oberbayern als bayerische Region

Weilheim in Oberbayern (so der offizielle Stadtname) ist als Mittelzentrum einer der wichtigsten Orte des Pfaffenwinkels im bayerischen Oberland. Vom Trifthof der Stadt wurden früher Baumstämme auf der Ammer und Amper bis nach Dachau geflößt.

Oberbayern umfasst rund 17 500 Quadratkilometer und damit etwa ein Viertel Bayerns. Damit ist die Region größer als manches Bundesland: Bremen umfasst gerade mal 325 Quadratkilometer, Hamburg 755 Quadratkilometer, das Saarland 2568 Quadratkilometer, selbst Schleswig-Holstein (15 799 Quadratkilometer) oder Thüringen (16 172 Quadratkilometer) sind kleiner als dieser bayerische Regierungsbezirk. Ähnlich ist es mit den Einwohnerzahlen: In Oberbayern leben rund 4,3 Millionen Menschen, ein gutes Drittel davon in München (zum Vergleich: in Thüringen oder Schleswig-Holstein sind es jeweils rund 2,8 Millionen). Oberbayern ist heute die Region mit dem zweithöchsten Bruttoinlandsprodukt pro Einwohner, nur Hamburg schafft mehr.

Im europäischen Vergleich steckt Oberbayern gleich mehrere richtige Mitgliedsländer in die Tasche: Oberbayern ist flächenmäßig größer als Malta (316 Quadratkilometer), Luxemburg (2586 Quadratkilometer) und Zypern (9251 Quadratkilometer) zusammen genommen. Oberbayern steht aber auch mit seiner Einwohnerzahl vor dem EU-Mitgliedsland Malta (0,39 Millionen), Luxemburg (0,46 Millionen), Zypern (0,78 Millionen), Estland (1,34 Millionen), Lettland (2,27 Millionen) oder Litauen (3,35 Millionen).

Vielfältige Landschaften

Oberbayern ist mehr als neunmal so groß wie Luxemburg. Dementsprechend vielfältig sind seine Landschaften mit ihren zahlreichen Facetten: das idyllische Altmühltal mit weiß leuchtenden Felsen und dunklen Wacholderhängen, die weite Ebene des Donautals, das Hopfenanbaugebiet der Hallertau, die Moränenlandschaft mit ihren Seen und schließlich der Höhepunkt: die Alpen mit dem höchsten Berg Deutschlands, der Zugspitze, oder dem legendären Watzmann. Klöster, Kirchen und Kapellen

erzählen von der tiefen religiösen Verbundenheit der Menschen, die sie heute noch mit farbenprächtigen Prozessionen und Wallfahrten bezeugen. Die historische Bedeutung des Landstrichs erkennt man an prunkvollen Schlössern wie Herrenchiemsee und mächtigen Festungen wie in Burghausen. Geschichte und Politik, Wissenschaft, Kunst und Kultur bündelt aber die erste Stadt des Landes: München.

Von den Anfängen

Oberbayern war ein großer Gewinner des Zusammenbruchs des römischen Imperiums. Das heutige Oberbayern liegt auf dem Gebiet der beiden ehemaligen römischen Provinzen Raetia und Noricum. In diesen Randbereichen des Reichs zeigten sich in spätrömischer Zeit noch mehr als anderswo die kolossalen Fehler römischer Innenpolitik, die in falsch verstandener Toleranz (und persönlicher Raffgier) sich nicht genug gegen Einwanderung gewehrt hatte. Zahlreiche Parallelgesellschaften ließen die Römer schließlich zur Minderheit im eigenen Land werden – und am Ende reichte eine Krise aus, die zu Cäsars Zeiten mit links gelöst worden wäre. Es fehlte der innere Zusammenhalt; jeder wollte nur mehr nehmen, geben sollten die anderen: Einwanderer-Gesellschaften sind nun mal keine Solidargemeinschaften. Selbst wenn ein Germane ein Leben lang römischer Soldat war und nach 25 Jahren harter Dienstzeit römischer Bürger wurde (die „Greencard" gab es also nicht umsonst!), ließ er sich am Ende seines Lebens in Germanien nach germanischen Ritus bestatten: Einwanderer mussten sich also nicht mehr integrieren, sie wollten das römische Leben genießen, ohne aber Römer werden zu müssen (siehe: Bajuwaren-Museum auf Burg Kipfenberg!); schließlich hatten diverse Einwanderer-Warlords das Sagen, nicht selten lagen sich diverse Migranten-Clans in den Haaren, wenn sie nicht gerade die Römer im Visier hatten. Es herrschte ein ständiges Misstrauen in der Gesellschaft, zeigte wirklich einmal jemand Führungsstärke und wollte sich für den Erhalt des Reiches einsetzen, hatte er meist nur mehr kurz zu leben. Der Kollaps folgte zwangsläufig, Bajuwaren waren wohl schon lange vorher massiv eingesickert: Zwischen Lech, Isar, Inn und Enns bildete sich das Stammesherzogtum Bayern.

Bayerische Landesteilung

Oberbayerns Geschichte begann mit der ersten bayerischen Landesteilung im Jahr 1255, als Bayern unter zwei Wittelsbacher-Brüdern aufgeteilt wurde: Herzog Ludwig der Strenge bekam das Teilherzogtum Oberbayern, Niederbayern ging an seinen Bruder. Das damalige

Oberbayern war jedoch mit dem heutigen Regierungsbezirk nicht deckungsgleich. Die Wittelsbacher waren gerade zwischen 1250 und 1500 eine streitfreudige Verwandtschaft, keiner gönnte dem anderen etwas. In diesen 250 Jahren hätte Bayern ohne Weiteres die dauerhaft stärkste Macht der Großregion werden und zumindest allen Bayern eine stabile Heimstatt bieten können, wenn man sich nicht in ständigem Familiengezänk verheddert und sich immer wieder gegenseitig lahmgelegt hätte. Immer wieder wurde das Erbe geteilt und es entstanden Teilherzogtümer. 1392 wurde sogar Oberbayern in die Teilherzogtümer Bayern-München und Bayern-Ingolstadt gestückelt. Erst der leidige Landshuter Erbfolgekrieg brachte 1504/05 unter höchsten Kosten für Volk und Land alle Teilherzogtümer wieder zusammen und zwar zu Gunsten Oberbayerns. Fortan galt das Primogeniturgesetz, das dem Erstgeborenen die alleinige Erbfolge zusprach und künftige Landesteilungen unterband. Zweitgeborene bekamen meist irgendwelche Vorzugsposten, wurden beispielsweise Bischöfe in Köln oder Freising. Das Kölner Bischofsamt stellte eine der acht Kurstimmen für die Kaiserwahl und bot ganz besonderen Einfluss: Der dortige Bischof setzte nämlich jedem neuen Kaiser die Krone auf, seine Stimme war daher besonders teuer. Zwischen 1583 und 1761 konnte sich auf dem Kölner Bischofsstuhl eine förmliche „bayerische Herrschaft" etablieren und zweitgeborenen Münchner Prinzen einträgliche Stellungen sichern.

Geografische und andere Grenzen

Die politischen Grenzen Oberbayerns haben sich immer wieder geändert, ohne auf bestehende Dialektgrenzen irgendwelche Rücksicht zu nehmen. Diese sind über die Jahrhunderte gewachsen und waren vor allem gegenüber Niederbayern immer sehr fließend. Zu Beginn des 19. Jahrhunderts wurden unter Napoleon alle hoheitsrechtlichen Sonderrechte des Adels und der Kirche aufgehoben. Im Bereich Oberbayerns fielen damals das Fürstbistum Freising, das Werdenfelser Land oder die Fürstpropstei Berchtesgaden an das neu etablierte Königreich Bayern. Es war dabei die große politische Leistung der bayerischen Monarchie, den neu erworbenen Fleckenteppich politisch zu einigen und eine bayerische Identität für alle zu schaffen. Zunächst benannte man die neuen Verwaltungseinheiten nach französischem Revolutionsmuster nach den dominanten Flüssen einer Region. Diese Namen wurden jedoch bald durch historisierende Bezeichnungen ersetzt: Aus dem Isarkreis wurde per königlichem Erlass Oberbayern.

Die heutigen geografischen Grenzen Oberbayerns sind leicht auszumachen: Im Süden die Alpen, im Westen der Lech, im Osten die Salzach und im Norden die Fränkische Alb mit der Altmühl. Oberbayern scheint von allem etwas zu haben, man hat die grandiose Alpenkette, dazu unglaublich viele Seen, die Hallertau, die Donau, das Donaumoos und gar einen Anteil am Fränkischen Jura. Oberbayern ist daher für viele Nichtbayern das eigentliche Bayern, sie haben dabei vor allem das Oberland und die Berge im Sinn. Und München ist natürlich die Hauptstadt Bayerns. Sie lockt nicht nur mit Oktoberfest und Hofbräuhaus, sondern auch mit einer einzigartigen Museumslandschaft und unverwechselbaren Baudenkmälern.

Am östlichen Ufer des Starnberger Sees markiert ein schlichtes Kreuz die Stelle, an der König Ludwig II. am 13. Juni 1886 auf bis heute ungeklärte Weise zu Tode kam. In der neuromanischen Votivkapelle treffen sich alljährlich am Todestag des Königs immer noch „Königstreue" zu einem Gedenkgottesdienst.

Seite 16/17:
Wintersport spielt nicht nur wie hier in den Chiemgauer Alpen nahe der Landesgrenze eine besondere Rolle und ist inzwischen ein sehr bedeutsamer Wirtschaftsfaktor der Region.

Seite 18/19:
Die Insel Frauenchiemsee, kurz Fraueninsel genannt, wurde jahrhundertelang von dem Kloster Frauenwörth geprägt, dem Wallfahrtsort für die Selige Irmengard, der Schutzpatronin des Chiemgaus. Der freistehende Glockenturm des spätgotischen Inselmünsters gilt als Wahrzeichen des Chiemgaus.

München – die große Stadt an der Isar

München ist mit circa 850 Jahren eine vergleichsweise junge bayerische Stadt, manch andere ist gut doppelt so alt: Augsburg bringt es auf mehr als zwei Jahrtausende, Passau und Regensburg sind nur unbedeutend jünger. Bayern war längst etabliert, als ein bayerischer Herzog partout einen neuen Isarübergang gründen und damit seine Einnahmen vermehren wollte. Es ist die Rede von Herzog Heinrich dem Löwen (um 1129–1195). Die Gründung, erstmals erwähnt 1158 als „bei den Mönchen (apud munichen)", hat sich in wirtschaftlicher Hinsicht ausgezahlt, auch wenn der Gründungsakt in jeder Hinsicht illegal war (die Zollbrücke des Freisinger Bischofs in Oberföhring wurde einfach zerstört und auf bayerischem Gebiet neu errichtet). Im kaiserlichen Schiedsspruch wurde der Freisinger Bischof nur mit einem festgelegten Anteil aus den neuen Einnahmen beteiligt. München wuchs schnell und wurde bald zur Hauptstadt Bayerns. Dennoch hieß Prosperität früher etwas anderes als heute: Erst 1852 hatte man die 100 000er-Marke überschritten, nach weiteren 150 Jahren hatte man 1,3 Millionen Einwohner! Heute ist Minga, wie München im Bayerischen heißt, die drittgrößte Stadt Deutschlands, innerhalb Europas nimmt man den zwölften Rang ein. München hat aber auch die höchste Bevölkerungsdichte aller deutschen Großstädte.

Wahrzeichen Frauenkirche
Ein unübersehbares Wahrzeichen der Stadt ist die mächtige Frauenkirche (Dom zu Unseren Lieben Frau). Sie war in nur 20 Jahren Bauzeit zwischen 1468 und 1488 als Ziegelsteinbau ausgeführt worden. Noch heute sind ihre beiden Türme in der Altstadt dominant, kaum ein anderes Gebäude überragt die beiden über 98 Meter hohen Türme. Seit einem erfolgreichen Bürgerbegehren des Jahres 2004 dürfen in München sowieso keine Hochhäuser mehr gebaut werden, die höher als die Frauenkirche ausfallen würden. Das Gotteshaus bietet rund 20 000 Menschen Platz, obwohl zur Bauzeit weniger als 13 000 Menschen in der Stadt lebten. Die Finanzierung des Kirchenbaus erfolgte größtenteils durch Spenden und Stiftungen und als diese nicht mehr ausreichten, half ein großzügiger Ablass des Papstes: Jeder Pilger erhielt für die Spende seines Wochenlohns einen vollständigen Nachlass seiner Sünden (was immerhin über 15 000 rheinische Gulden einbrachte). Die Frauenkirche wurde das letzte

Hauptwerk der nicht wenigen spätgotischen bayerischen Stadtpfarrkirchen. Die Türme hatten erst um 1525 ihre charakteristischen „Welschen Hauben" erhalten, während des Landshuter Erbfolgekrieges (1504/05) hatte man noch Kanonen auf den haubenlosen Türmen aufgestellt, um München notfalls verteidigen zu können.

Mittelpunkt Marienplatz

Unbestrittener Mittelpunkt Münchens ist der Marienplatz. Hier befindet sich das Neue und Alte Rathaus, hier liegt das Zentrum der Altstadt. Hier steht die Pfarrkirche St. Peter, im Volksmund Alter Peter genannt, und markiert vermutlich den Ursprung Münchens. Viele kennen wohl das Volkslied, das auch als Stadtlied Münchens bekannt ist: „Solang der alte Peter / am Petersbergl steht. / Solang die grüne Isar / durchs Münchner Stadterl geht. / Solang da drunt am Platzl / noch steht das Hofbräuhaus. / Solang stirbt die Gemütlichkeit / bei de Münchner niemals aus." Am Petersbergl hatte es lange vor der Stadtgründung eine Niederlassung von Mönchen aus dem Kloster Tegernsee gegeben, ein gewölbter Raum unter der Kirche könnte sogar in die merowingische Zeit datieren, die im frühen 5. Jahrhundert begann. Dennoch stammt der heutige Bau aus der Nachkriegszeit, Sprengbomben hatten gegen Kriegsende ganze Arbeit geleistet und das Stadtzentrum zerstört. Der Wiederaufbau war erst im Jahr 2000 abgeschlossen.

Die Altstadt von München mit Frauenkirche, Marienplatz und Altem Rathaus zeugt von einer langen Geschichte, auch wenn im Zweiten Weltkrieg viel zerstört wurde.

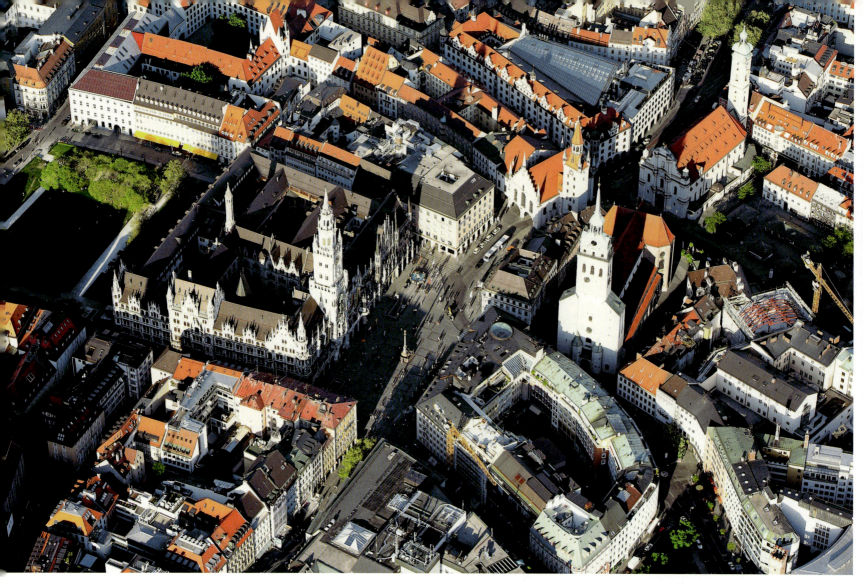

Oben:
Der Marienplatz und das Alte Rathaus zusammen mit dem Alten Peter sind das Herz des alten Münchens. Hier feiert auch der FC Bayern München seine Erfolge vom Rathausbalkon.

Rechts:
Auch „Straße der Wissenschaften" genannt, wurde Münchens Ludwigstraße nach Plänen von Leo von Klenze auf Befehl Ludwigs I. angelegt. An ihr liegt neben der Bayerischen Staatsbibliothek und der Ludwig-Maximilians-Universität, die Ludwigskirche. Sie wurde 1829 bis 1844 errichtet.

Oben:
Der Königsplatz im Münchner Stadtteil Maxvorstadt gilt als eines der Hauptwerke des von König Ludwig I. entworfenen „Isar-Athen": Sein Panhellenismus wurde hier zur steinernen Wirklichkeit: Mit dem Königsplatz wollte der Monarch die Verbundenheit zwischen Bayern und Griechenland zeigen, sein Sohn Otto war damals erster König von Griechenland.

Links:
Das Isartor war Teil der Salzstraße, die von Anfang an großen Wohlstand nach München brachte. Es war Teil der großen Stadterweiterung aus der Zeit Kaiser Ludwigs des Bayern.

Linke Seite:
Die Prinzregentenstraße ist eine der vier städtebaulich bedeutendsten Prachtstraßen Münchens. Prinzregent Luitpold hatte sie als bürgerliche Nobelstraße projektieren lassen. Sie gehört heute zu den meistbefahrenen Ein- und Ausfallstraßen der bayerischen Landeshauptstadt.

Der Hofgarten ist eine barocke Parkanlage mitten im Herzen Münchens. Er wurde kurz nach 1600 vom Kurfürsten als italienischer Renaissancegarten angelegt und wurde erst sehr viel später für das gemeine Volk zugänglich.

Der Gärtnerplatz wurde um 1860 als zentraler Platz der neu erschlossenen Isarvorstadt gebaut. Er wurde nach Friedrich Wilhelm von Gärtner benannt, dem früh verstorbenen königlichen Hofbaumeister und gleichzeitigen Professor der Baukunst an der Kunstakademie.

Blickfang im Englischen Garten: Der Monopteros-Rundtempel im griechischen Stil wurde bis 1836 nach einem Entwurf von Leo von Klenze gestaltet. Der Englische Garten mit seinen natürlich angeordneten Baum- und Gebüschgruppen, Wiesen, Bächen und einem großen künstlichen See war die erste große kontinentaleuropäische Parkanlage, die von jedermann betreten werden durfte.

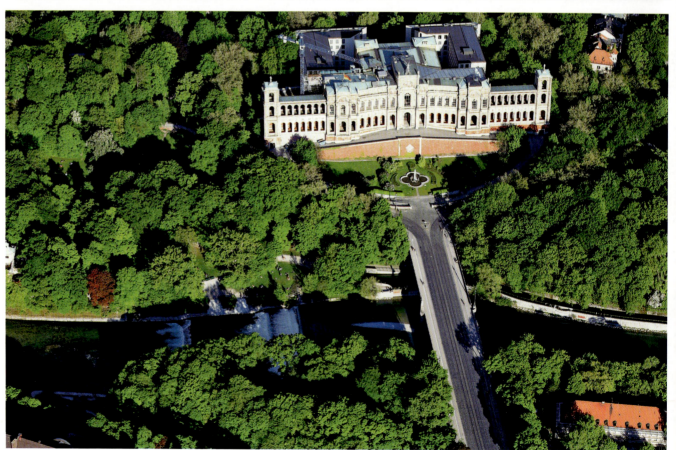

Das Maximilianeum hoch über dem Isarufer ist seit 1949 Sitz des Bayerischen Landtags. Es wurde unter König Maximilian II. geplant, um die Stiftung Maximilianeum für besonders begabte Studenten aus der Pfalz und Bayern zu beherbergen. Beeindruckend ist seine Lage hoch über dem Isarufer.

Rechte Seite:
Die Museumsinsel, eine heute hochwassergeschützte Flussinsel mitten in der Isar, diente im Mittelalter als Floß-Lände, später als Kohleninsel, bevor ab 1906 das „Deutsche Museum von Meisterwerken der Naturwissenschaft und Technik" entstand.

26

Links:
Die Blutenburg ist ein ehemaliges Jagdschloss. Der von der Würm gespeiste Wassergraben zeigt die Vergangenheit als Wasserburg. Eine Sichtachse verbindet es mit dem nahen Schloss Nymphenburg. Heute ist in Schloss Blutenburg die Internationale Jugendbibliothek untergebracht.

Links Mitte:
Die katholische Pfarrkirche Sankt Michael ist ein prachtvoller Sakralbau in dem Stadtteil Berg am Laim. Sie wurde bis

1750 nach Plänen des Star-Baumeisters Johann Michael Fischer errichtet. Sie gilt heute als ein Hauptwerk des süddeutschen Rokoko.

Links unten:
An der Birkenleiten direkt am Isarabbruch erhebt sich ein neugotisches Schlösschen mit einem markanten hohen Turm samt welscher Haube. Es ist der Hauptsitz des Ordens der Templer in München.

Unten:
Das weitläufige Schloss Nymphenburg war lange Zeit die Sommerresidenz der herrschenden Bayern-Regenten, es zählt zu den größten Königsschlössern Europas. Als Eigentum des Bayerischen Staates steht es heute unter der Aufsicht der Bayerischen Verwaltung der staatlichen Schlösser, Gärten und Seen.

Oben:
Der Münchner Hauptbahnhof ist der zweitgrößte Personenbahnhof Deutschlands. Zusammen mit den unterirdischen Gleisen der U- und S-Bahn hat er die meisten Hauptgleise aller Bahnhöfe innerhalb Deutschlands. Wie zu alten Zeiten schweben heute ab und zu Zeppeline aus dem nahen Oberschleißheim über der Altstadt Münchens.

Rechts:
Das Infineon Campeon ist ein futuristisch anmutender Bürokomplex innerhalb einer künstlichen Seeanlage. Die Benennung Campeon ist ein „Kofferwort" aus Campus und Infineon.

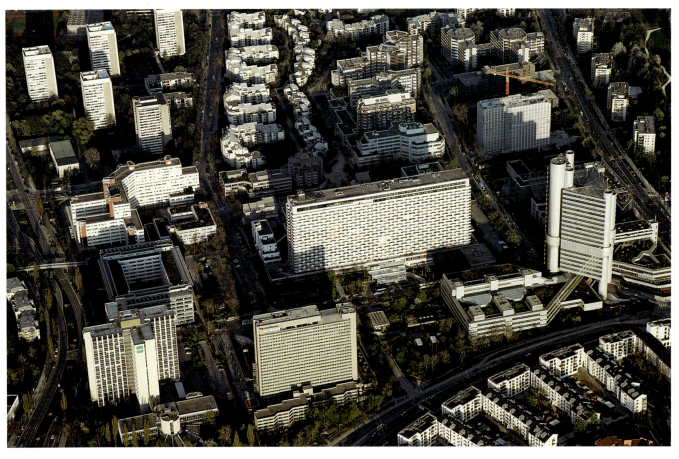

Links:
Münchens Arabellapark ist ein modernes Wohn- und Gewerbegebiet, in dem auch das bayerische Staatsministerium für Umwelt und Gesundheit angesiedelt ist. Seine größten und markantesten Gebäude sind das Arabellahaus und das Hypo-Haus.

Unten:
Der 75 Meter hohe Münchner Müllberg ist heute zum 35 Hektar großen Naherholungsgebiet Fröttmaninger Berg geworden. Hier wurden von den 1950er- bis in die 1980er-Jahre insgesamt zwölf Millionen Kubikmeter Müll eingelagert. Anschließend wurde der Müllberg abgedichtet und bepflanzt, später sogar mit einer Windkraftanlage versehen.

Oben:
Der Olympiapark, Veranstaltungsort der XX. Olympischen Sommerspiele im Jahr 1972, befindet sich auf dem Oberwiesenfeld. Das Olympiastadion war ursprünglich für 80 000 Zuschauer ausgelegt, später erfolgte aus Sicherheitsgründen eine Verringerung auf 69 000 Plätze.

Rechts:
Der gut 290 Meter hohe Fernsehturm stammt aus den 1960er-Jahren und wurde nachträglich zum Wahrzeichen des Olympiaparks.

Oben:
Die Allianz-Arena ist das hypermoderne Fußballstadion des FC Bayern. Die durchsichtige Umhüllung aus selbstreinigenden ETFE-Folienkissen (Ethylen-Tetrafluorethylen) kann von innen beleuchtet werden. Der Versicherungskonzern Allianz hat sich für 30 Jahre gegen Zahlung von Sponsorengeldern die Namensrechte am Stadion gesichert.

Links:
Der Bau des Olympiageländes stand unter dem Motto „Olympische Spiele im Grünen". Als Parklandschaft wurde sie auf dem Reißbrett angelegt, der Trümmerberg aus dem Zweiten Weltkrieg wurde zum Olympiaberg modelliert und begrünt.

Alte Städte, neuer Flughafen – die Münchner Region

Nahezu alle Orte im Münchner Speckgürtel sind deutlich älter als München. Dies liegt daran, dass München im bayerischen Kontext eine relativ späte Gründung war: Freising, das uralte Siedlungszentrum, war schon ein halbes Jahrtausend alt, als München entstand. Der Domberg in Freising ist wegen seiner exponierten Lage über dem Isartal seit der Jungsteinzeit mehr oder weniger kontinuierlich besiedelt. Freising ist die älteste Stadt in Oberbayern überhaupt. Hierher brachte der fränkische Wanderbischof Korbinian (670–730) das Christentum. Er wurde Gründungsheiliger, dessen besonderes Attribut, der Bär, heute noch das Freisinger Stadtwappen ziert. In der Legende hatte er dem Bischof das Gepäck über die Alpen getragen. Im Hochmittelalter wurde der Freisinger Domberg zum großen Gelehrtenzentrum. Freisinger Bischöfe waren oft Reichskanzler oder kaiserliche Gesandte, aber auch Hauserzieher der Kaiserfamilie. Freising war das unbestrittene Zentrum Altbayerns.

Fürstenfeldbruck setzt sich als Namen aus Fürstenfeld und Bruck zusammen. Das „Feld des Fürsten" gehörte Herzog Ludwig dem Strengen (1229–1294), der hier 1263 das gleichnamige Zisterzienserkloster Fürstenfeld gründete. Das „Bruck" erklärt sich aus dem Amper-Übergang, der wegen der Salzstraße gute Maut einbrachte. Der Anlass der Klostergründung war ein trauriger, hatte doch der bayerische Herzog seine Frau Maria von Brabant im Jähzorn hinrichten lassen, als er ihr fälschlicherweise Untreue unterstellte – zur Sühne stiftete er ein Kloster. Die heutigen Klostergebäude stammen aus der Barockzeit. Unter anderen hochrangigen Künstlern führte zum Beispiel Cosmas Damian Asam (1686–1739) die Deckenfresken aus, sein Bruder Egid Quirin Asam (1692–1750) die Seitenaltäre. Die Fürstenfelder Klosterkirche ist eine typische süddeutsche Wandpfeilerkirche und besitzt als Besonderheit umlaufende Emporengänge und eingehängte Emporen.

Dachau an der Amper

Dachau an der Amper tauchte erstmals im Jahr 805 als Dahauua in einer Schenkungsurkunde an den Freisinger Bischof auf – ist also mindestens 1200 Jahre alt. Dachau wurde später schnell zum Sommersitz für zahlreiche bayerische Fürsten. Um 1570 wurde von den Münchner Herzögen schließlich das heutige Renaissance-Schloss Dachau errichtet. 150 Jahre später barockisierte der Hofbaumeister Joseph Effner

(1687–1745) die Anlage. Heute steht nur noch der Tanz- oder Gartensaaltrakt, der Rest wurde wegen Baufälligkeit auch in der Folge der Einquartierung napoleonischer Soldaten abgebrochen. Hier ist im ersten Stock noch die originale Renaissance-Kassettendecke vorhanden, nachdem sie einen mühsamen Umzug überstanden hatte.

Auch Erding ist fast vier Jahrhunderte älter als die bayerische Landeshauptstadt, es gibt eine Schenkungsurkunde des Klosters Benediktbeuern aus dem Jahr 742. Heute werden viele Menschen das Erdinger Weißbier mit der Stadt verbinden, bei einem jährlichen Ausstoß von eineinhalb Millionen Hektolitern ist die Privatbrauerei Erdinger Weißbräu die größte Weißbierbrauerei der Welt. Man wirbt mit dem Slogan: „In Bayern daheim. In der Welt zu Hause." Weißbiere sind obergärige Biere, die in Deutschland mindestens zur Hälfte aus Weizenmalz hergestellt sein müssen. Bayern hat dabei die längste Tradition im Weißbierbrauen und bietet deutschlandweit die größte Bandbreite an unterschiedlichen Weißbiersorten. Das Erdinger Moos ist ein (ehemaliges) Moorgebiet, das zwar näher an Freising liegt, aber größtenteils zum Landkreis Erding gehört. Erst im 19. Jahrhundert hatte man die technischen Mittel zur wirksamen Urbarmachung des Moores, nur rund zehn Prozent entzogen sich der Kultivierung. Das Gebiet war in den 1980er-Jahren in den bundesweiten Schlagzeilen, als dort der heutige Großflughafen „Franz Josef Strauß" gebaut wurde („ohne Moos nix los"). Heute dient der neue Flughafen im Erdinger Moos als internationales Drehkreuz und belegt gemessen an der Reisenden-Zahl den siebten Platz in Europa.

Der Freisinger Domberg ist ein weithin sichtbares Wahrzeichen der Stadt. Er ist die Keimzelle des heutigen Freisings, hier gründete der heilige Korbinian 739 das Bistum Freising. Bei der pompösen Vierflügelanlage um den Arkadenhof handelt es sich um die Fürstbischöfliche Residenz.

Schloss Isareck liegt nahe dem Zusammenfluss von Isar und Amper. Der Schlossname weist auf eine scharfe Biegung der Isar hin. Die dreigeschossige Anlage mit ihrer barocken Zwiebelhaube ist eine unübersehbare Landmarke.

Oben:
Altomünster, 760 von einem iroschottischen Mönch gegründet, war gut tausend Jahre lang ein Kloster, zunächst der Benediktiner, dann der Benediktinerinnen und schließlich der Birgitten bis zur Säkularisation 1803. Erst 1842 kam es zur Wiederbelebung, heute ist es das einzige Kloster des alten Zweiges des Birgittenordens in Deutschland.

Links:
Moosburg an der Isar liegt an der Mündung der Amper in die Isar. Frühe Keimzelle des Ortes war das Kastulus-Münster, das bereits 770 gegründet worden war.

Linke Seite:
Das Dachauer Schloss auf dem Schlossberg war eine Sommerresidenz der Wittelsbacher. Ganz besonderes Schmuckstück ist eine prachtvolle, schwere Renaissance-Holzdecke aus dem Jahr 1565 im heutigen Konzertsaal. Das heutige Schloss mit seinem terrassenförmig angelegten, barocken Garten ist nur mehr ein Überrest, drei Schlossflügel wurden bald nach 1800 wegen Baufälligkeit abgebrochen.

Dachau ist eine alte Stadt an der Amper, die es als Siedlung schon längst gab, bevor München überhaupt erst gegründet wurde. Schon aus dem Jahr 805 gibt es eine Schenkungsurkunde, in der dem Freisinger Bischof fünf Höfe samt den Leibeigenen überschrieben wurden.

Mit dem Konzentrationslager verhalfen die Nazis Dachau zur unrühmlichen Berühmtheit. Es wurde als erstes entsprechendes Lager Deutschlands auf dem Gelände einer ehemaligen Munitionsfabrik errichtet: In den zwölf Nazi-Jahren mussten hier circa 40 000 der mindestens 200 000 Haftinsassen ihr Leben lassen.

Die Amper ist zusammen mit der Ammer ein rund 185 Kilometer langes Flusssystem im Alpenvorland. Der Oberlauf bis zum Ammersee heißt dabei Ammer, ab dort bis zur Mündung in die Isar wird deren wichtigster Zufluss Amper genannt.

Oben:
Der Ortsname Fürstenfeldbruck ist die schlichte Aneinanderreihung der Namen „Fürstenfeld" und „Bruck": „Fürstenfeld" (Feld des Fürsten) nimmt Bezug auf den Besitz der Wittelsbacher, „Bruck" war eine Siedlung am Amper-Übergang der Salzstraße mit entsprechenden Zolleinkünften.

Links:
Das Kloster Fürstenfeldbruck ist eine ehemalige Zisterzienserabtei, die 1263 von Herzog Ludwig II. als Sühne für die jähzornige Hinrichtung seiner ersten Frau Maria von Brabant gegründet wurde. Er hatte sie fälschlicherweise des Ehebruchs verdächtigt.

Oben:
Kloster St. Ottilien ist ein sehr junges Kloster, erst 1884 wurde es von den Missionsbenediktinern gegründet. Das Kloster benannte sich nach dem Wallfahrtsort Sankt Ottilien. Bereits 1887 wurde eine erste Gruppe von Mönchen als Missionare nach Afrika entsandt.

Rechts:
Schloss Elkhofen in Unterelkhofen ist eine gut erhaltene spätgotische Höhenburg bei Ebersberg. Der massive sechsgeschossige, rechteckige Bergfried auf einem abgeböschten Hügel ist im Kern spätgotisch, der ringförmige Wassergraben wurde um 1800 aufgefüllt.

Links:
Die Wallfahrtskirche St. Sebastian in Ebersberg stammt zwar aus gotischer Zeit, wurde aber um 1770 im Rokokostil umgestaltet. Auffallend ist das Stiftergrab aus rotem Marmor und die Sebastianskapelle mit dem Kopfreliquiar des heiligen Sebastian.

Unten:
Grafrath ist eine kleine Gemeinde an der Amper; hier durchbricht der Fluss in einem vertieften Tal die Endmoränen der letzten Eiszeit. Bis hierher reicht auch das Ampermoos, das sich wegen des Endmoränenriegels südlich des Ammersees bilden konnte.

Unten:
Der Lech war früher ein wilder Fluss, der mit regelmäßigen Hochwassern ausgeprägte Terrassierungen geschaffen hat. Sein Flusslauf bildete über die Jahrhunderte eine bedeutsame Barriere, die sogar eine Dialektgrenze schuf: Links des Lechs spricht man schwäbisch, rechts davon bairisch.

Rechts oben:
Bismarckdenkmäler waren Ende des 19. Jahrhunderts en vogue. Obwohl Bayern durch ihn seine Unabhängigkeit verlor, glaubte man, ihm auch am Starnberger See ein dominantes Denkmal setzen zu müssen.

Rechts Mitte:
Schloss Leutstetten war das Lieblings-Domizil des letzten bayerischen Königs: Ludwig III. Wegen seiner Vorliebe für die Landwirtschaft wurde er im Volksmund oft auch

der „Mili-Bauer" genannt. Mit seiner Absetzung im November 1918 endete eine beachtliche, 738 Jahre währende Herrschaft der Wittelsbacher-Dynastie über Bayern.

Rechts unten: Der Ismaninger See wurde 1929 unter anderem angelegt, um die Münchner Abwässer nachklären zu lassen. Dutzende von Fischteichen am Rande des Sees lassen seither Jahr für Jahr prächtige Fische heranwachsen. Gleichzeitig dient das Gewässer als derart gutes Rückzugsgebiet für die Vogelwelt, dass es in den 1960er-Jahren zum Europareservat erklärt wurde.

Landsberg am Lech ist die größte Stadt des Lechrains, der Grenzlandschaft zwischen Altbayern und Schwaben. Landsberg wird aufgrund der imposanten Lage am Lech-Hochufer und der gut erhaltenen Altstadt auch gerne das „Bayerische Rothenburg" genannt. Der Salzzoll brachte steten Wohlstand, auch wenn dieser nur „Salz-Pfennig" genannt wurde.

Linke Seite:
Starnberg hieß zunächst Aheim am Würmsee und war bis ins 20. Jahrhundert ein kleines Fischerdorf. Erst 1912 wurde die Siedlung zu einer Stadt. Die Burg war einst Sitz der Andechser, heute beherbergt sie das Finanzamt. Mit dem Anschluss Starnbergs an das Eisenbahnnetz wurde der Ort für Münchner leicht zugänglich und damit ein beliebtes Ausflugsziel: Vom ehemaligen „Starnberger Flügelbahnhof" im Hauptbahnhof München kamen die Städter leicht an den Starnberger See.

Kaufering gab es lange vor Landsberg, hier führte zunächst die Salzstraße entlang und brachte durch die Zolleinnahmen einigen Wohlstand in den Ort. Die Welfen verlegten die Straße im 11. Jahrhundert nach Süden (gründeten dabei Landsberg) und nahmen Kaufering die einstige Bedeutung. Erst nach 1945 ließen viele Heimatvertriebene Kaufering zur heutigen Größe heranwachsen.

Das Oberland, der Pfaffenwinkel und das Werdenfelser Land

Das Oberland reicht im Süden Münchens bis zu den Bergen. Es hat stolze Bauern hervorgebracht, die, wenn es sein musste, sich für ihren König sogar umbringen ließen. In der Sendlinger Mordweihnacht von 1705 metzelten österreichische Profitruppen bayerische Bauern nieder, die ihrem Kurfürsten sein München wiedergeben wollten. 1100 Oberländer wurden damals am Weihnachtstag umgebracht, nachdem sie sich zum Teil bereits ergeben und die Waffen niedergelegt hatten. Die österreichischen Verluste beliefen sich gerade einmal auf 40 Mann. Dieser skandalöse Massenmord belastete das Nachbarschaftsverhältnis dauerhaft und war wohl auch eine der Ursachen, warum 100 Jahre später Bayern mit Österreich beim Tiroler Aufstand so rüde umsprang. Österreich hatte damals Bayern schlechter als eine Kolonie behandelt, bayerische Rekruten wurden zwangsverpflichtet, um irgendwo für Österreich zu sterben. Bald entstand die Losung: „Liaba bairisch steam, als kaiserlich verdeam." Kurfürst Max Emanuel, dessentwegen man sich abschlachten ließ, geruhte derweil im fernen Brüssel den Aufstand zu verurteilen: Die nahe liegende Folgerung, dass der bayerische Kurfürst den bayerischen Blutzoll nicht wert war, war man (noch) nicht bereit zu ziehen. Erst 210 Jahre später musste der herrschende Wittelsbacher bei Nacht und Nebel davonlaufen und das Volk übernahm dauerhaft die Regierung.

Goldenes Landl

Werdenfels ist eine schon lange aufgelassene Burg, Werdenfelser Land ist ein historischer Begriff, der sich politisch seit 1803 überlebt hat. Dennoch gibt es das Werdenfelser Land immer noch. Die vielen Jahrhunderte Eigenständigkeit haben diesem Landstrich eine besondere Mentalität eingebracht, die auch 200 Jahre bayerische Zugehörigkeit nicht auflösen konnte. Das Werdenfelser Land gehörte über die Jahrhunderte den Freisinger Erzbischöfen, man war wie Freising selbst sozusagen der Stachel im bayerischen Fleisch. Die Grafschaft Werdenfels war eine reichsunmittelbare Grafschaft, die seit 1294 durch Kauf dem Hochstift Freising gehörte. Es war über die Jahrhunderte in drei Pfleggerichte eingeteilt: Garmisch, Partenkirchen und Mittenwald. Man lebte gut im Werdenfelser Land, zwischen 1500 und 1700 offenbar sogar sehr gut, wie der Beiname „Goldenes Landl" zeigt. Venedig unterhielt beispielsweise zwei Jahrhunderte lang einen eigenen Markt

in Mittenwald. Der Dreißigjährige Krieg machte dem jedoch ein Ende und brachte Armut ins Werdenfelser Land. Erst mit dem Fremdenverkehr geht es seit gut einem Jahrhundert wieder aufwärts. Im Vorfeld der 4. Olympischen Winterspiele schlossen sich nach massivem politischen Druck die bis dahin selbstständigen Märkte Garmisch und Partenkirchen zur Marktgemeinde Garmisch-Partenkirchen zusammen. Beide Orte haben eine lange Geschichte, Partenkirchen geht beispielsweise auf das römische Partanum an der Via Claudia zurück. Die Organisation dieser Spiele mit ihren 28 teilnehmenden Nationen wurde ein logistisches Meisterstück. Überschattet wurden sie allerdings von der nationalsozialistischen Propaganda und dem Boykott des österreichischen und schweizerischen Skiverbandes wegen neuer Regeln bei den alpinen Skirennen.

Klöster und Wallfahrtskirchen
Der Pfaffenwinkel hat seinen Namen von den zahlreichen Klöster und Wallfahrtskirchen. Der Begriff nimmt Bezug auf eine alte bayerische Bezeichnung für Pfarrer (Pfaffe), der heute im Gegensatz zu früher eine eher negative Bedeutung hat. Dabei kann man heute noch gut verstehen, warum sich die Mönche und Nonnen hier wohl fühlten. Genau genommen zählt der Pfaffenwinkel gut 150 Kirchen und mehrere Klöster. Hier finden sich mit Wessobrunn, Steingaden oder Rottenbuch berühmte Klosterkirchen, mit Vilgertshofen, Hohenpeißenberg und der Wieskirche berühmte Wallfahrtskirchen. Hier wurde eines der ältesten dichterischen Werke der deutschen Sprache, das Wessobrunner Gebet, verfasst. Aus dieser Region stammten die Stuckateure der Wessobrunner Schule, hier wurden die Brüder Dominikus und Johann Baptist Zimmermann geboren.

Bad Tölz am Eingang zum Isarwinkel bietet einen herrlichen Blick auf die bayerischen Kalkalpen. Durch die Lage am Schnittpunkt zweier Handelswege, also der Isar und der alten Salzstraße von Reichenhall ins Allgäu, war Tölz schon früh ein florierender Warenumschlagplatz. Den Wohlstand sieht man noch heute: Für nicht wenige Gäste ist das prachtvolle Ensemble der Marktstraße mit ihren breiten Kaufmannshäusern und den Fassadenmalereien der Inbegriff Oberbayerns.

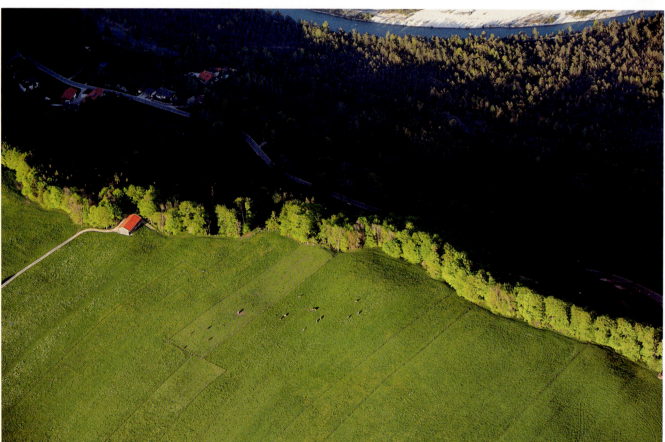

Die Ausmaße des Isartals und die Wuchtigkeit der Isarterrassen zeigen dem kundigen Beobachter die einstige Macht der reißenden Isar (der Flussname könnte die „Reißende" bedeuten). Besonders zur Zeit der Schneeschmelze zeigte der Fluss jedem Anwohner, wer Herr im Tal war. Erst in unserer Zeit wurde die Isar mit dem Bau des Sylvensteinstausees gezähmt; heute kann man froh sein, wenn sie überhaupt genügend Wasser führt.

Links:
Eine einfache Feldkapelle inmitten weiter Fluren kann oft mehr über die jahrhundertealte Volksfrömmigkeit sagen als viele wortreiche Bücher. Auch wenn heute landwirtschaftliche Flächen sehr viel weiträumiger geworden sind, blieb Platz für solche Traditionen.

Unten:
Kloster Schäftlarn am Ufer der Isar ist gut 1200 Jahre alt und gehört damit zu den Benediktinerklöstern der ersten Stunde Bayerns. Es wurde an einer alten Übersetzstelle der Isar gegründet. Sein heutiger Klosterbau stammt aus der Zeit kurz nach 1700. Die Klosterkirche gilt als ein einzigartiges Juwel des Rokoko, das zwischen 1733 und 1764 entstanden ist. Große Künstler wie Johann Michael Fischer, Johann Baptist Zimmermann oder Johann Baptist Straub standen hinter diesem großartigen Bauensemble.

Links:
Das Kloster Benediktbeuern wurde bereits zu Karl Martells (Großvater Karls des Großen) Zeiten gegründet, kein Geringerer als Bonifatius selbst weihte 740 die Benediktinerabtei und Klosterschule ein. Als einige Jahrzehnte später Karl der Große eine wertvolle Reliquie des heiligen Benedikt brachte, wurde das bisher als „Buron" benannte Kloster in „Benedictoburanum" umbenannt.

Links Mitte:
Das idyllisch gelegene Allerheiligen ist eine beliebte Wallfahrtskirche südlich von Warngau. Die ältesten Teile der Kirche stammen aus den Jahren um 1500, seither trugen

Spenden nahezu kontinuierlich über alle Jahrhunderte zur reichhaltigen Kirchenausstattung bei. Allerheiligen ist daher auch ein gutes Spiegelbild regionaler Künstlerleistungen.

Links unten:
Kloster Schlehdorf wurde nur wenig später als Benediktbeuern am Kochelsee gegründet. Heute ist es Sitz der deutschen Ordensprovinz der Missionsdominikanerinnen.

Unten:
Das Franziskanerinnenkloster Reutberg in Sachsenkam besticht mit einer idyllischen Lage über dem Kirchsee und einem oft ungetrübten Bergblick. Es wurde wenige Jahre vor dem Dreißigjährigen Krieg von den nahen Hofmarksherren gegründet. Heute ist die renommierte Klosterbrauerei Reutberg eine der wenigen verbliebenen Brauereigenossenschaften in Bayern.

Schloss Linderhof im Graswangtal bei Oberammergau ist das kleinste der drei Schlösser Ludwigs II., jedoch das einzige, das noch zu seinen Lebzeiten vollendet wurde. Ursprünglich als Jagdschloss und königliche Villa angedacht, wurde Linderhof das Lieblingsschloss des Märchenkönigs, hier hielt er sich am häufigsten auf. Ursprünglich hatte Ludwig hier das Schloss von Versailles im Sinn, das enge Gelände erwies sich aber als untauglich für einen solch groß dimensionierten Schlossbau: Dieser Plan wurde schließlich auf der Herreninsel im Chiemsee Wirklichkeit.

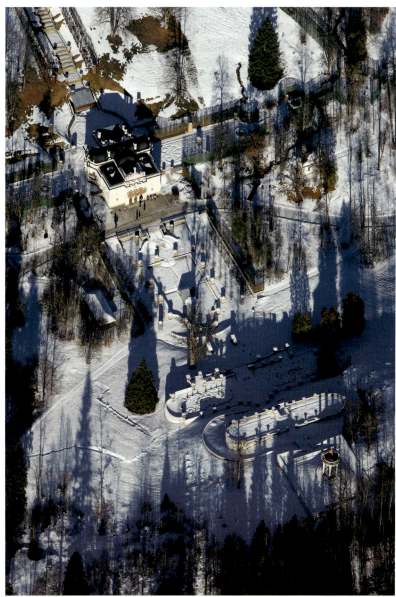

Unten:
Mittenwald ist ein dicht bebauter Markt an der alten Römerstraße Via Claudia Augusta unmittelbar am Karwendelgebirge. Er war neben Garmisch einer der Hauptorte der Grafschaft Werdenfels, die gut fünf Jahrhunderte dem Hochstift Freising gehörte. Im ausklingenden Mittelalter wurde man zum bedeutenden Umschlagplatz des Augsburger Venedighandels, als wegen interner Konflikte der Bozener Markt kurzerhand nach Mittenwald verlegt wurde. Als diese goldene Zeit kurz vor 1700 zu Ende ging, kam mit dem Geigenbau eine neue Tradition in den Ort, die heute noch anhält.

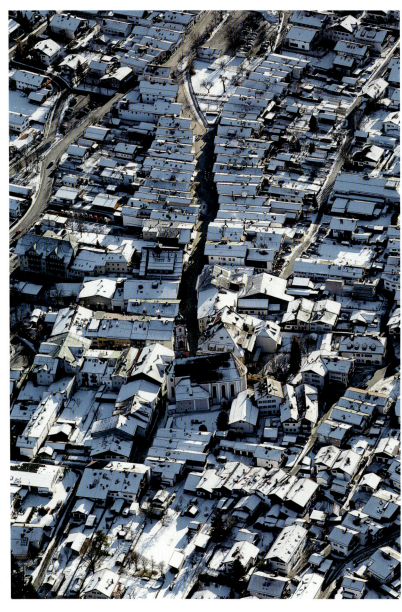

Rechts:
Garmisch-Partenkirchen ist ein Doppelort, nachdem sich im Vorfeld der IV. Olympischen Winterspiele die bis dahin selbstständigen Märkte Garmisch und Partenkirchen dem massiven Druck der NSDAP gebeugt und sich zusammengeschlossen hatten. Die Marktgemeinde liegt in einem weiten Talkessel am Zusammenfluss der Loisach und der Partnach am Fuße der Zugspitze. Die Partnach gilt noch als inoffizielle Grenze der inzwischen zusammengewachsenen Teilorte.

Oben:
Schloss Elmau liegt am Fuß des Wettersteinkamms. Es wurde vor knapp 100 Jahren erbaut und ist heute eine luxuriöse Hotel- und Wohnanlage.

Rechts:
Die Große Olympia-Sprungschanze in Garmisch-Partenkirchen hat in den letzten 90 Jahren alle berühmten Springer dieser Welt gesehen. Der Turm ragt gut 60 Meter auf, gut 100 Meter Anlauffläche erlauben Sprungweiten jenseits von 140 Metern.

Ganz rechts:
Der zugefrorene Wildensee erlaubt im Winter manch künstlerische Gestaltung, die nur aus der Vogelperspektive ihre ganze Wirkung entfalten kann.

Links:
Schloss Kranzbach ist ein mehrflügeliger Treppengiebel-Bau, der 1913 bis 1915 von britischen Architekten im schottischen Stil realisiert wurde.

Unten:
Oberammergau ist berühmt für seine Passionsspiele (Bildmitte: das Passionsspielhaus). Diese gehen auf ein Gelübde im Pestjahr 1633 zurück. Heute ist es das wohl bekannteste Passionsspiel der Welt, es zieht alle zehn Jahre rund eine halbe Million Besucher an.

Unten:
Weilheim führt seinen Ortsnamen unter anderem auf das „Heim bei den römischen Villen" zurück, schließlich lag man an einer wichtigen römischen Handelsstraße. Die Stadt an der Ammer ist heute die Kreisstadt des oberbayerischen Landkreises Weilheim-Schongau.

Rechts oben:
Die unmittelbare Umgebung der oberbayerischen Seen ist meist von moorigen Verlandungszonen geprägt, die meist in extensiver Grünlandwirtschaft genutzt werden. Das Heu wird oft draußen in Heuhütten eingelagert und erst im Winter zu Viehfütterung auf den Höfen herangezogen.

Rechts Mitte:
Die Erdfunkstelle Raisting, eine Bodenstation zur Kommunikation mit Nachrichtensatelliten, ist mit ihren großen Parabol-

antennen weithin sichtbar. Sie wird gerne als Synonym für die bayerische Synthese von Fortschritt und Tradition genannt.

Rechts unten: Im Wolkenstau der Berge setzt die Landwirtschaft nahezu ausschließlich auf Grünlandbewirtschaftung, einerseits weil häufige Niederschläge das Gras immer schnell wieder wachsen lassen, andererseits weil es die Getreideernte wohl zu oft verregnen würde.

Rechts:
Der Hohe Peißenberg (988 Meter) gilt als schönster Panoramaberg Oberbayerns. Die Wallfahrtskirche Mariä Himmelfahrt ist eine Doppelkirche, nachdem man noch vor dem Dreißigjährigen Krieg zur bestehenden Kapelle eine größere Kirche angebaut hatte. Gleich hinter der Kirche befindet sich seit 1781 die älteste Bergwetterstation der Welt.

Unten:
Kloster Wessobrunn hat in der sogenannten Wessobrunner Schule die bedeutendsten Stuckatoren und Baumeister des süddeutschen Barock hervorgebracht. Diese beeinflussten viele Jahrzehnte den Kirchenbau in Süddeutschland, Österreich und der Schweiz maßgeblich.

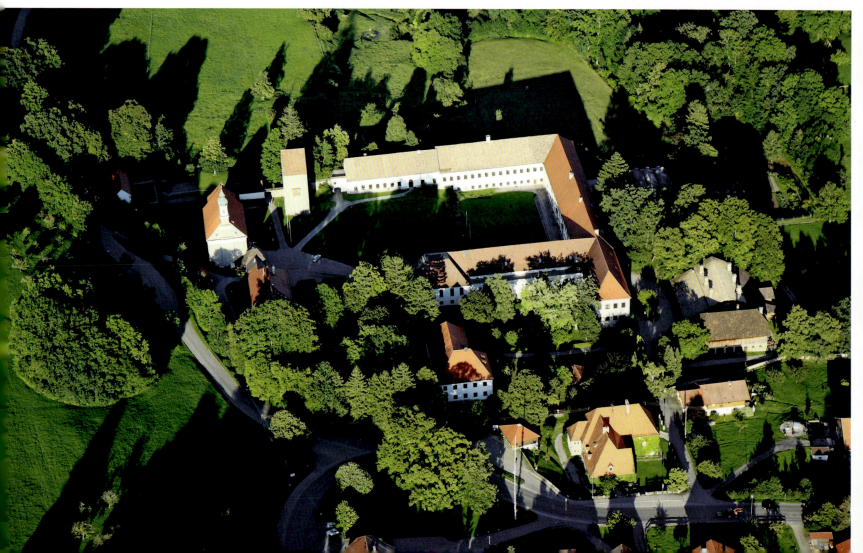

Oben:
Die Wieskirche, mit vollständigem Namen „Wallfahrtskirche zum Gegeißelten Heiland auf der Wies", ist eine Rokokokirche der Superlative mitten auf weiter Flur. Sie wurde um 1750 von den Gebrüdern Zimmermann gebaut. In der Kirche ist ein einzigartiges Zusammenspiel von Bauwerk, Kunst, Licht und Theologie verwirklicht.

Links:
Kloster Steingaden wurde als romanisches Welfenkloster gegründet. Fast alle Stilepochen haben an der Klosterkirche mitgewirkt, heute zeigt es sich in einer ausgewogenen Rokokoausstattung. Mit der Auflösung des Klosters 1803 wurde das Welfenmünster zur Pfarrkirche.

Zwischen Lech und Saalach – Berge und Seen

Die gesamte Südseite Oberbayerns wird von den Alpen begrenzt. Die Bergstrukturen sind durchaus heterogen, man teilt sie daher in sechs verschiedene Bereiche ein: Die höchsten sind das Wettersteingebirge, der Karwendel und die Berchtesgadener Alpen, vorgelagert sind die Chiemgauer Alpen, die Bayerischen Voralpen und die Ammergauer Alpen. Als Bayerische Alpen werden in aller Regel die oberbayerischen Alpen benannt, also die Berge zwischen Lech und Saalach. Sie sind Teil der Nördlichen Kalkalpen und wurden stark von der letzten Eiszeit geprägt, sie haben also Kare, viele Seen und typische, von diversen Gletschern ausgeschrammte U-Täler. Diese Alpenkette macht Oberbayern für viele Nichtbayern erst zu Oberbayern. Darunter ist mit der Zugspitze (2962 Meter) der höchste Gipfel Deutschlands. Ursprünglich hatte die Zugspitze drei Gipfel, nur der Ostgipfel ist in seiner ursprünglichen Form erhalten geblieben. Der Mittelgipfel fiel in den 1930er-Jahren einer Seilbahn-Gipfelstation zum Opfer, der Westgipfel wurde für eine niemals gebaute Flugleitstelle der Wehrmacht weggesprengt. War die Erstbesteigung 1820 noch ein Abenteuer, führen heute drei Seilbahnen auf den Zugspitzgipfel. Seit 1851 schaut das vergoldete Gipfelkreuz auf Oberbayern hinunter, 28 Männer waren zu seinem erfolgreichen Transport nötig gewesen.

Tod im See
Der Starnberger See hieß bis vor 50 Jahren Würmsee, benannt nach der Würm, die den See bei Starnberg verlässt. Hier fand König Ludwig II. im Jahr 1886 auf mysteriöse Weise seinen Tod im See; für einige Zeit hieß er deshalb auch Fürstensee. Sein Tod blieb ungeklärt und markierte gleichzeitig den Anfang vom Ende des bayerischen Königreichs. Der Starnberger See hat mit 21 Kilometern Länge gewaltige Ausmaße, obwohl er durch Verlandung schon rund 3,5 Kilometer Länge eingebüßt hat. Das Ungewöhnliche am Starnberger See ist der fehlende Zufluss, er wird vielmehr durch wenige kleine Bäche und unterirdische Zuflüsse gespeist.
Der Walchensee und der Kochelsee wurden besonders in den 1920er-Jahren landesweit bekannt, als das Walchenseekraftwerk als eines der größten seiner Art in Betrieb ging. Es nutzt das natürliche Gefälle zwischen dem Walchensee (802 Meter) und dem Kochelsee (599 Meter) zur Stromerzeugung. Sechs wuchtige Rohr-

leitungen transportieren das Wasser zu den Turbinen am Kochelsee. Initiator und Planer für den Bau des Walchenseekraftwerks war Oskar von Miller (1855–1934), der auch für das Deutsche Museum in München Pate stand. Kritiker befürchteten damals, dass viel zu viel Strom produziert würde, für den es niemals genügend Abnehmer geben würde. Es ist anders gekommen. Dennoch zeigt auch besonders das Walchenseekraftwerk, dass Wasserkraft keineswegs ohne ökologische Folgen nutzbar ist. Man grub dem ehemaligen Wildwasserfluss Isar das Wasser rigoros ab. Erst in jüngster Zeit zwingen behördliche Auflagen, die Ökologie nicht mehr ausschließlich der ökonomischen Gewinnmaximierung zu opfern.

Keimzelle klösterlichen Lebens

Der Tegernsee war eine Keimzelle klösterlichen Lebens in Bayern. Bereits 746 gründeten Benediktinermönche das Kloster am Ufer. Es war bis 1803 die wichtigste Benediktinerabtei Oberbayerns und spielte im gesamten Mittelalter eine bedeutende Rolle bei der Kultivierung Oberbayerns. Es sorgte über all die Höhen und Tiefen der Jahrhunderte für geistliche Kontinuität in der Region. Von hier ging mit der sogenannten „Tegernseer Reform" die Erneuerung des Mönchtums für ganz Deutschland ebenso aus wie es zu einem Zentrum von Literatur und Buchkunst wurde. Schließlich kam die Säkularisation und machte das Kloster zu einem privaten Schloss der Wittelsbacher: Hier empfing der erste bayerische König den russischen Zaren und den österreichischen Kaiser.

In den bayerischen Voralpen heißt Winter etwas anderes als im Flachland. Der Hochfelln ist zwar „nur" 1674 Meter hoch, doch im Stau des ersten Voralpen-Riegels können Niederschläge sehr ergiebig sein.

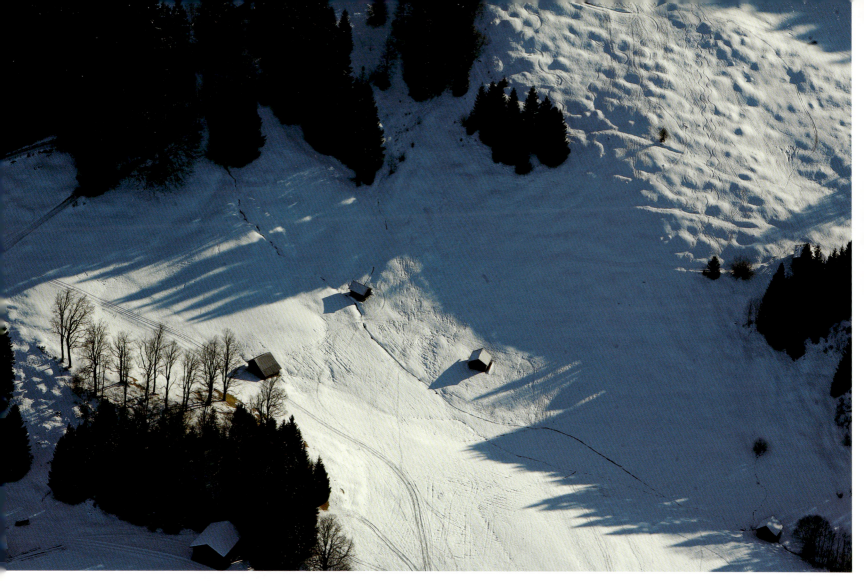

Oben:
Die Spuren im Schnee wie hier im Werdenfelser Land verweisen auf die winterliche Freizeitnutzung von Berghängen. Früher waren diese Hochlagen verlassen, wenn der Sommer vorüber war.

Rechts:
Manchmal schauen nur noch wenige Baumgipfel aus dem Schnee, wenn ganze Berghänge wie hier im Karwendel unter dem winterlichen Weiß begraben sind.

Links:
Fast hat man das Gefühl, dass es in den bayerischen Alpen wie hier im Mangfallgebirge kaum Berghänge oberhalb der Baumgrenze gibt, die nicht von ein paar Skiern befahren wurden.

Unten:
Fichten sind die idealen Bergbäume, sie kommen wegen ihrer besonderen Form mit sehr viel Schnee zurecht; wird dieser zu viel, rutscht er leicht von den Ästen und kann so kaum den gefürchteten Schneebruch verursachen.

Seite 68/69:
Der Wendelstein (1838 Meter) weist einen sehr bebauten Gipfel auf: Eine Sternwarte, eine Wetterwarte, eine weithin sichtbare Sendeanlage, ein Berggasthof, eine Zahnradbahn- und Seilbahn-Station, ein ehemaliges Berghotel und eine Bergwacht-Diensthütte drängen sich auf ihm, sogar für eine Kapelle ist noch Platz. Zahlreiche Sprengungen am Gipfel haben dies möglich gemacht.

Die Kampenwand präsentiert sich wie ein steingewordener Lindwurm. Die 1669 Meter Gipfelhöhe erscheinen daher sehr beeindruckend. Ein bairischer Schüttelreim lautet: „I gang so gern auf d' Kampenwand, wann i mit meiner Wamp'n kannt."

Der Watzmann mit seinen 2713 Metern Gipfelhöhe nennt beachtliche Steilhänge sein eigen, die besonders im Winter immer wieder leichtsinnigen Zeitgenossen zum Verhängnis werden können.

Rechte Seite:
Das Purtschellerhaus in 1692 Meter Höhe ist im Sommer eine beliebte Alpenvereinshütte, im Winter jedoch schwer zugänglich und daher geschlossen. Die Hütte wurde bereits 1900 eingeweiht und nach dem kurz zuvor verunglückten Bergsteiger Ludwig Purtscheller benannt.

Die Zugspitze (2962 Meter) ist nicht nur Deutschlands höchster Berg, sondern auch Grenzberg zu Tirol. Drei kleinere Gletscher bedecken derzeit noch das Gipfelplateau, der Nördliche Schneeferner, der Höllentalferner und der Südliche Schneeferner; bei allen besteht aufgrund der derzeitigen Klimaerwärmung eine starke Tendenz zum weiteren Abschmelzen. Auch wenn der Gipfel sehr hoch liegt, ist er stark genutzt, gleich drei Seilbahnen transportieren jährlich rund eine halbe Millionen Besucher hinauf. Auch die Wissenschaft nutzt den Gipfel: Eine meteorologische Station und die Forschungsstation Schneefernerhaus bieten den höchsten Arbeitsplatz Bayerns.

Oben:
Schloss Ringberg ist heute eine Tagungsstätte der Max-Planck-Gesellschaft. Bauherr war Herzog Luitpold; er hatte hier ab 1912 große Teile seines Vermögens verbaut und dafür viel Familienbesitz in Oberbayern verkaufen müssen. Dennoch war in seinem Todesjahr das Schloss noch kaum bewohnbar. Ein Erbschaftsvertrag ließ das Schloss schließlich an die MPG fallen.

Rechts:
Am direkten Anstieg zur ersten Alpenkette sind gestreute Siedlungen durchaus charakteristisch. Im konkreten Fall ist Roßholzen am Samerberg mit der Kirche St. Bartholomäus abgebildet.

Links:
Oberaudorf ist eine Gemeinde am Inn. Das Kloster Reisach in den Gemeindegrenzen wurde erst 1731 durch einen kurfürstlich-bayerischen Hofkammerrat gegründet.

Unten:
Rottach-Egern im Tegernseer Tal war ein kleines Fischer- und Bauerndorf, das bis 1803 dem Klostergericht Tegernsee unterstand. Die Kirche St. Laurentius liegt fast unmittelbar am Tegernsee und ist mit ihrem spitzen Turm von See her unübersehbar.

Manche Wege zum Gipfelkreuz sind wie hier in den Chiemgauer Alpen sehr ausgetreten und deuten damit indirekt auf die große Zahl der Bergwanderer hin.

In Sichtweite des Simssees liegt die Filialkirche St. Andreas. Sie liegt im Tal der Ache unterhalb von Hirnsberg und wurde bereits 1080 als „Talchirchin" urkundlich belegt. An den romanischen Kirchenraum ist ein gotischer Chor angebaut.

Rechte Seite:
Schloss Hohenaschau dominiert einen 50 Meter hohen Felsenrücken im Priental. Hier lag über sieben Jahrhunderte lang das Zentrum der Herrschaft Hohenaschau. Im 19. Jahrhundert wurde der Bau von einem Industriellen in einen feudalen Landsitz umgewandelt, heute ist es in Staatsbesitz und dient als Ferien- und Erholungsheim. Im Jahr 2008 beherbergte das Schloss die Bayerische Landesausstellung „Adel in Bayern".

Chiemgau und Rupertiwinkel im Südosten

Die legendären oberbayerischen Seen sind allesamt Gletscherseen. Der größte ist der Chiemsee, unbestritten „Kiemsee" ausgesprochen und nicht „Schiemsee". Man spricht auch zu Recht vom Bayerischen Meer. Seit zwei Jahrzehnten verhindert eine Ringkanalisation rund um den Chiemsee eine Abwassereintragung in den See, vorher waren jährlich rund 115 Tonnen Phosphat in den See gelangt. Die berühmtesten Inseln im Chiemsee sind die Herreninsel (238 Hektar) und die Fraueninsel (15,5 Hektar). Nur die letztere ist besiedelt und heißt offiziell Frauenchiemsee. Herrenchiemsee ist durch das Alte Schloss (ein ehemaliges Männerkloster) und vor allem durch das Neue Schloss Herrenchiemsee geprägt. Es ist von seinem Bauherrn, dem „Märchenkönig" Ludwig II., dem Versailler Schloss nachempfunden und wurde zwischen 1878 und 1886 erbaut. Der frühe Tod des Königs verhinderte die Fertigstellung, rund zwei Drittel der Räume blieben bis heute im Rohbauzustand; aus Gründen der Symmetrie wurde sogar ein Nordflügel wieder abgebrochen. Wirklich bewohnt hat der König sein Schloss nur zehn Tage in seinem letzten Lebensjahr, dabei war die phänomenale Spiegelgalerie jeden Abend vollständig mit Kerzen illuminiert. Heute ist das Schloss ein Besuchermagnet, der Spiegelsaal wird auch für Konzerte oder Staatsempfänge genutzt.

Salz- und Salinenorte

Rosenheim und Wasserburg sind typische Städte am Inn. Beide profitierten von der Flößerei, beide nutzten den Inn als Verkehrsweg. Schaut man sich die Lage alter Orte an, fällt ihr Standpunkt an Flüssen auf; diese hatten nämlich in den langen Zeiten fehlender Infrastrukturen die Funktion unserer heutigen Autobahnen: Flüsse konnten nicht im Schlamm versinken, sie mussten nicht in Fronarbeit in Stand gehalten werden wie Straßen, sie waren immer da. Hatte man Zugang zu dieser „Autobahn", konnte man von den Früchten einer Arbeitsteilung profitieren, konnte Handel treiben und konnte meist billiger als an reinen Landstandorten einkaufen. Es rechnete sich, an einem schiffbaren Fluss Standorte aufzubauen, wobei Schiffbarkeit früher deutlich weniger Erfordernisse brauchte als es heute der Fall ist. Am Inn hatte man auch keine Energieprobleme, denn jedes Jahr kamen zahlreiche Holzflöße den Fluss herunter. Hier wurden auch die Sudpfannen für das Salzsieden installiert, als in Berchtesgaden und in Reichen-

hall das Holz auszugehen drohte. Es wurde sogar eine Soleleitung quer durchs Land verlegt und das Salz in gelöster Form an die Traun und den Inn gepumpt; es war sozusagen die erste Pipeline der Welt. Heute verbindet ein Salinenradweg die Salz- und Salinenorte Rosenheim, Traunstein, Bad Reichenhall, Berchtesgaden und Hallein, sein Steckenverlauf orientiert sich an der historischen Soleleitung.

Die längste Burg Europas

Burghausen über der Salzach besitzt mit über einem Kilometer die längste Burg Europas. Als solche ist sie auch im Guinnessbuch der Rekorde gelistet. Sie war das Fort Knox des Landshuter Herzogs, hierher wurden die riesigen Steuereinnahmen gebracht, hier lebten meist die Ehefrauen der Herzöge. Ab der ersten Teilung Bayerns (1255) nahm Burghausen einen großen wirtschaftlichen Aufschwung und fungierte als zweite Residenz der niederbayerischen Herzöge. Die wichtigste Einnahmequelle war der Salzhandel, hier wurde viel Salz angelandet und auf dem Landweg weitertransportiert. Allerdings war Burghausen damals keine Grenzstadt wie heute, das gesamte Innviertel gehörte noch zu Bayern (dieses riss sich Österreich erst 1777 im Bayerischen Erbfolgekrieg unter den Nagel). Der Rupertiwinkel nimmt Bezug auf die lange politische Zugehörigkeit zu Salzburg: Der heilige Rupert (um 650–718) war erster Bischof von Salzburg und gilt als „Apostel der Baiern". Eine genaue geografische Eingrenzung erfordert gute Ortskenntnis, beispielsweise wird oft die Ausdehnung des 1972 aufgelösten Landkreises Laufen genannt. Obwohl ursprünglich bayerisches Stammesgebiet, hatte sich spätestens um 1275 das Erzbistum Salzburg als Landesherr etabliert. Erst 1810 wurde man wieder bayerisch.

Der Chiemsee ist Bayerns größter See, nicht wenige sprechen deshalb auch vom Bayerischen Meer. Nach dem See ist mit dem Chiemgau eine ganze Region Oberbayerns benannt. Der Chiemsee verdankt seine Entstehung der letzten Eiszeit als Zungenbeckensee. Ursprünglich war er etwa dreimal so groß, die Tiroler Achen arbeitet ständig an seiner weiteren Verlandung.

Oben:
Die Fraueninsel ist die zweitgrößte Insel des Chiemsees. Täglich kommen viele Besucher, einerseits wegen der Wallfahrt zur Schutzpatronin des Chiemgaus, der Seligen Irmengard, andererseits wegen des einzigartigen Freizeitwerts.

Rechts:
Das Neue Schloss Herrenchiemsee auf der Insel Herrenchiemsee ist ein großer Besuchermagnet. König Ludwig II. hatte es nach dem Vorbild des Versailler Schlosses errichten lassen. Es war sein letztes großes Bauprojekt, das er nur wenige Tage genießen konnte. Mit seinem Tod im Starnberger See wurden die Bauarbeiten eingestellt, weite Teile des Schlosses blieben daher unvollendet.

Links:
Die Herreninsel war bis zur Säkularisation 1802 im Besitz des Klosters Herrenchiemsee. Danach kamen Kloster und Insel in private Hände; erst 1873 ließ König Ludwig II. die Insel für 350 000 Gulden von einem Konsortium Württembergischer Holzspekulanten erwerben (diese hatten die Abholzung der Insel im Plan). Heute sind gut zwei Drittel der Insel bewaldet.

Oben:
Der 47 Quadratkilometer große Ammersee ist als typischer Zungenbeckensee des Loisach-Gletschers entstanden. Seither ist er ständig kleiner geworden; auch das Zweigbecken des heutigen Pilsensees gehörte ursprünglich zum Gesamtsee. Sein wichtigster Zufluss ist die Ammer, die beim Ausfluss ihren Namen zu Amper ändert.

Rechts:
Das ehemalige Augustinerchorherrenstift in Dießen war bald nach 1100 gegründet worden, das heutige Erscheinungsbild geht auf die Jahre um 1735 durch den Oberpfälzer Barockbaumeister Johann Michael Fischer zurück.

Links:
Andechs gilt vielen als heiliger Berg Oberbayerns. Hier befand sich bis 1248 der Stammsitz der Grafen von Andechs und Herzöge von Meranien. 140 Jahre später wurde der verlorene Reliquienschatz der Grafen wieder entdeckt, was Andechs (wieder) zum Wallfahrtsort machte, heute neben Altötting der bedeutendste Bayerns.

Unten:
Der Walchensee ist als tektonische Senke entstanden. Seinen Namen hat er von der bajuwarischen Vorbevölkerung, die im Mittelhochdeutschen Walchen (oder Welsche) hießen, was ursprünglich Fremde bedeutete. Der See gehörte bis zur Säkularisation den beiden Klöstern Schlehdorf und Benediktbeuern, er war wegen seines Fischreichtums begehrt.

Oben:
Der Starnberger See heißt erst seit 1962 offiziell so; der frühere Name Würmsee leitete sich vom Fluss Würm ab, der den See nach Norden verlässt. Der See verfügt im Gegensatz zu den anderen oberbayerischen Seen über keinen alpinen Zufluss, nur ein paar kleinere Bäche und unterirdische Quellen speisen ihn. Daher dauert es mehr als 20 Jahre, bis sich das Seewasser einmal komplett ausgetauscht hat.

Rechts:
Das Kloster Bernried am Starnberger See war im Mittelalter ein Augustinerchorherrenstift. Nach der Säkularisation versuchten verschiedene adelige Herren erfolglos ihr Glück mit dem billig erworbenen Stiftsbesitz. Erst 1949 wurde es wieder ein Kloster.

Oben:
Um die Roseninsel im Starnberger See ranken sich viele Geschichten, schließlich ist die spätere Kaiserin Sissi im nahen Schloss Possenhofen aufgewachsen und König Ludwig II. nutzte die Insel sogar für Staatsempfänge.

Links:
Das „Museum der Phantasie" in Bernried, auch kurz Buchheim-Museum nach dem Künstler Lothar-Günther Buchheim genannt, beherbergt unter anderem eine Sammlung namhafter Expressionisten, aber auch Werke des Bauherren selbst.

Linke Seite:
Der Staffelsee ist ein flacher, mooriger See mit mehreren Inseln. Im Sommer erwärmt sich das Wasser relativ schnell, so dass er ein beliebtes Badeziel ist. Ein eigenes Fahrgastschiff bedient in den Sommermonaten regelmäßig die Anliegergemeinden.

Die Osterseen bestehen aus mehr als zwanzig größeren Einzelseen mit einer Gesamtfläche von rund 225 Hektar. Sie sind das Ergebnis einer Eiszerfallslandschaft, das heißt, sie sind als sogenannte Toteisseen am Ende der letzten Eiszeit entstanden, als zahlreiche Eisblöcke in diesem Moränengebiet endgültig abschmolzen.

Das Murnauer Moos ist mit 32 Quadratkilometern das größte zusammenhängende Moor Mitteleuropas, das Streuwiesen, Niedermoore, Quelltrichter und gut erhaltene Hochmoore enthält. Ein großer Teil steht heute unter Naturschutz.

Seite 88/89:
Am Nordufer des Schliersees liegt die Ortschaft Schliersee. Der See war lange Zeit ein ökologisches Sorgenkind, zu viele Nährstoffe im Wasser ließen Jahr für Jahr Fische sterben und die wuchernde Burgunderblutalge das Wasser blutrot aussehen. Erst eine mehrtägige künstliche Umwälzung des Seewassers zusammen mit einer Ringkanalisation konnte in den 1980er-Jahren Abhilfe schaffen.

Kloster Tegernsee war im Mittelalter eine wichtige kulturelle Keimzelle der Region. Gut tausend Jahre lang spielte das Kloster eine bedeutende Rolle in Südbayern.

Der Spitzingsee liegt in 1084 Metern Höhe; mit gut 28 Hektar Fläche ist er der größte Hochgebirgssee Bayerns. Der 1129 Meter hohe Spitzingsattel schließt den See vom tiefer gelegenen Vorland ab; die kleine Passstraße hat immerhin 14 Prozent Gefälle.

Rechte Seite:
Der Simssee könnte als die kleine Schwester des Chiemsees angesehen werden (6,5 Quadratkilometer Wasserfläche, maximale Tiefe 22 Meter). Eine sanfte Hügellandschaft bettet den See ein, der zum großen Teil noch unberührte Schilf- und Uferzonen sein eigen nennt, obwohl auch Badebetrieb erlaubt ist.

Rechts:
Besonders im Morgennebel scheinen die Berge und Vorberge im Oberland wie Theaterkulissen aufgereiht zu sein. Überraschend ist auch immer wieder, mit welcher Steilheit die Berge unvermittelt aus dem welligen Voralpenland aufsteigen.

Unten:
Oberbayerns Seen sind nicht nur zum Schwimmen oder Segeln gut, im Winter sind sie nicht selten (wie hier der Simssee) zugefroren und bieten ihre Chance für den Wintersport.

Oben:
Das Oberland vor der ersten Bergkette ist noch stark landwirtschaftlich geprägt und bietet nicht selten stattliche Bauernhöfe wie hier im Chiemgau.

Links:
Marquartstein ist ein Fremdenverkehrsort im Chiemgau im Tal der Tiroler Achen (diese teilt den Ort in zwei Hälften). Hier öffnet sich das Achental nach Norden, nur wenige Kilometer weiter nördlich mündet der Fluss in den Chiemsee. Die markante Burg wacht seit gut 900 Jahren über dem Ort.

Rosenheim ist eine wichtige Stadt mit römischen Wurzeln im Inntal. Im Mittelalter konnte sie sich mit dem Salzhandel und der Innschifffahrt einen guten Namen machen. 1810 erhielt Rosenheim über eine Soleleitung Zugang zu den Salzbergwerken in Reichenhall. Damals ging unter den Salzpfannen das Feuer niemals richtig aus.

Linke Seite:
Man sollte sich vom Namen nicht täuschen lassen: Neuötting ist gut tausend Jahre alt. Stadtrecht hat man seit 1321. Man verdiente gut am Stapelrecht, das Salz aus Hallein und Reichenhall wurde hier von den Innschiffen für den Landtransport nach Regensburg oder München umgeladen. Das lang gezogene historische Stadtbild ist von der Topografie des Hochplateaus vorgegeben, das Burghausener Tor und das Landshuter Tor schließen heute noch den Marktplatz ab.

Reischach ist eine gut tausendjährige Kirch- und Pfarrgemeinde, schon der Kirchenpatron St. Martin weist auf frühmittelalterliche Wurzeln hin. Das Langhaus der Kirche ist spätgotisch, der Turm musste kurz vor 1900 neu aufgebaut werden.

Marktl ist spätestens seit Papst Benedikt XXVI. in der Welt ein Begriff: Hier wurde Josef Ratzinger 1927 als drittes Kind einer Gendarmeriefamilie geboren. Auch wenn die Familie zwei Jahre später wegzog, ist Marktl heute sehr stolz auf „seinen Sohn" und ehrt ihn mit einer eigenen Benediktsäule.

Die alte Herzogsstadt Burghausen ist heute eine Grenzstadt an der Salzach. Nach wirtschaftlich blühenden (niederbayerischen) Jahren im Spätmittelalter kamen schwere Zeiten, die 1779 mit der Abtrennung des wirtschaftlichen Hinterlandes, des Innviertels, kulminierten.

Rechte Seite:
Die Burg hoch über Burghausen ist mit 1043 Metern die längste Burganlage Europas. Sie besteht aus sechs hintereinander geschalteten Burghöfen und geht in der Gesamtanlage hauptsächlich auf die Zeit der niederbayerischen Herzöge (1393–1505) zurück.

Rechts:
Ruhpolding ist ein überregional bekannter Fremdenverkehrsort, in den 1990er-Jahren hatte man deutlich mehr als eine Million Übernachtungen erreicht. Der Mitbegründer von TOUROPA, Carl Degener, hatte einen großen Anteil an den hohen Besucherzahlen dieses Reiseziels.

Unten:
Kloster Seeon mit seiner über tausendjährigen Geschichte ist heute ein Kultur- und Bildungszentrum, das Konzerte, Ausstellungen, Seminare und Tagungen bietet.

Oben:
Die zweitürmige Wallfahrtskirche St. Maria Himmelfahrt in Marienberg hoch über der Salzach und Moosbrunn gilt als eine der schönsten Rokokokirchen Bayerns.

Links:
Die Altöttinger Gnadenkapelle mit dem Bild der Schwarzen Muttergottes ist das Herzstück der Altöttinger Wallfahrt. Hier werden auch die Herzen bayerischer Herrscher verwahrt.

Seite 100/101:
Wasserburg beeindruckt durch die Halbinsellage inmitten einer mächtigen Innschleife. Im Jahr 1247 hatte der bayerische Herzog insgesamt siebzehn Wochen Belagerungszeit investiert, um sich der begehrten Stadt zu bemächtigen.

Oben:
Die Alz bezieht ihr Wasser aus dem Chiemsee, bringt heute allerdings durch mehrfache Kanal-Ausleitungen nur mehr ein Bruchteil ihres Wassers in den Inn; das abgezweigte Wasser dient der Gewinnung von elektrischer Energie für das bayerische Chemiedreieck (zwischen Ampfing, Simbach und Traunreuth).

Rechts:
Trotz der hohen Bevölkerungsdichte Oberbayerns sind große Teile des Landes landwirtschaftlich geprägt. Hier kann man noch ungestört romantischen Naturassoziationen nachhängen.

Oben:
Je weiter man in die Berge kommt, desto mehr bestimmt der Wald die Landschaft, Siedlungen können wie Rodungslichtungen erscheinen. Die Gemeinde Weißbach an der Alpenstraße zwischen Inzell und Schneizlreuth ist ein besonders charakteristisches Beispiel einer solchen Landnutzung.

Links:
Karlstein ist heute ein Ortsteil der Stadt Bad Reichenhall. Die heutige Burgruine war bereits kurz nach 1200 in den Besitz des Bayernherzogs gekommen. Sie war eine wichtige Wittelsbacher Warte so nah am Salzburger Land.

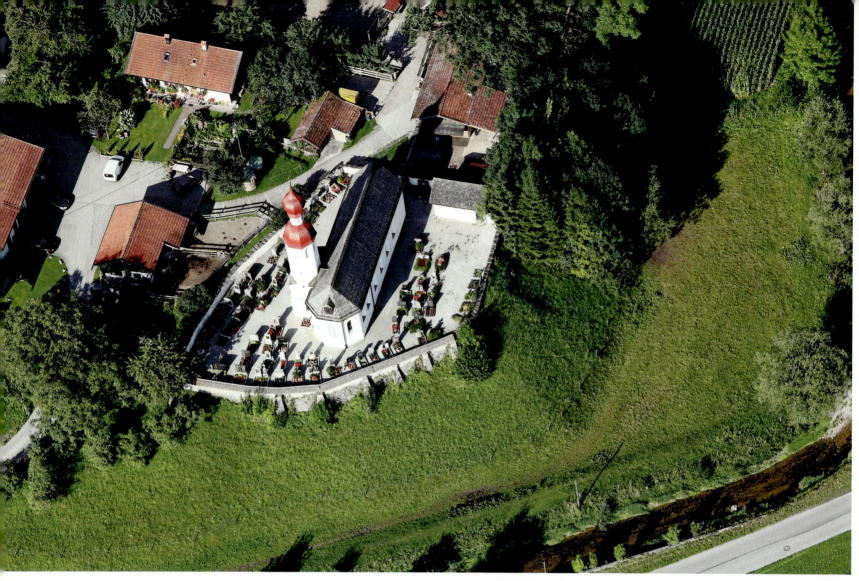

Oben:
Thalkirchen ist heute ein Ortsteil von Bad Endorf. Der Ortsname leitet sich offensichtlich von der „im Tal liegenden Kirche" ab. Die Kirche liegt heute vor dem Ort auf einer nahe gelegenen Schotterterrasse der Achen.

Rechts:
Maria Eck ist ein kleines Franziskaner-Minoritenkloster im Chiemgau, die Wallfahrt hierher reicht bis in das 16. Jahrhundert zurück. Seine Gründung geht auf Holzfäller zurück, denen hier Lichtgestalten erschienen waren.

Oben:
Wildenwart ist ein Dorf in der heutigen Gemeinde Frasdorf. Erst in den 1930er-Jahren hat man sich eine Kirche bauen können, sie erinnert in ihrem Aussehen an die vielen barocken Kirchen des Voralpenlandes.

Links:
Schloss Wildenwart stammt in seiner jetzigen Form als Vierflügelanlage und mit geschlossenem Innenhof aus der Zeit um 1600. Hier wurde 1918 Geschichte geschrieben, als König Ludwig III. auf seiner Flucht aus München für kurze Zeit eine Bleibe fand, bevor er weiter in die Schweiz floh.

Linke Seite oben:
Berchtesgaden war über Jahrhunderte der Hauptort eines kleinen, geistlichen Staates. Er ging auf eine Klosterstiftung um das Jahr 1100 zurück. Ab 1380 hatte man im Reichstag wie die Großen der Zeit Sitz und Stimme. Trotz der bedrohlichen Nähe Salzburgs konnte sich die Fürstprobstei erfolgreich über die Jahrhunderte retten.

Der Obersalzberg war in den 1920er-Jahren das Feriendomizil Adolf Hitlers und wurde ab 1933 Führersperrgebiet. In der Nachkriegszeit nutzten ihn US-amerikanische Streitkräfte als Erholungszentrum. Heute ist das Dokumentationszentrum Obersalzberg eingerichtet (oben). Seit 2005 bietet das Fünf-Sterne-Hotel InterContinental Berchtesgaden Resort eine Adresse für gehobene Ansprüche (unten).

Linke Seite unten:
Bad Reichenhall ist eine Kurstadt mit Solequellen. Durch eine frühe Schenkung des Bayernherzogs an Bischof Rupert von Salzburg war Reichenhall für etwa 500 Jahre der wichtigste Wirtschaftsstandort der Salzburger Kirche. Noch vor 1500 kamen die Bayern aber wieder in dessen Besitz.

Linke Seite:
Der lang gestreckte Königssee liegt in einem tektonischen Grabenbruch aus der Jurazeit. Die Eiszeiten schürften das Becken weiter aus und hinterließen den vielleicht beeindruckendsten See der deutschen Alpen.

Der Hochstaufen (1771 Meter) ist der östlichste Berg in den Chiemgauer Alpen. Der Wortteil Staufen kommt aus dem Mittelhochdeutschen (stouf = steil aufragender Fels).

Das Wildalphorn (1738 Meter) gehört zu den Chiemgauer Alpen und ist damit Teil der Nördlichen Kalkalpen.

Donaumoos, Donautal und Fränkische Alb

Ingolstadt und Neuburg waren selbstständige bayerische Residenzstädte, im ersten Fall als Teilherzogtum Bayern-Ingolstadt, im anderen als Herzogtum Pfalz-Neuburg oder Junge Pfalz. Das Teilherzogtum Bayern-Ingolstadt bestand zwar nur von 1392 bis 1447 und sein letzter Herrscher starb als niederbayerischer Gefangener (wie so oft hatte man sich in der Wittelsbacher Verwandtschaft gegenseitig nichts gegönnt). Dennoch brachte gerade der letzte Herrscher, Ludwig der Gebartete (um 1368–1447), viel Geld nach Ingolstadt, seine Schwester hatte nämlich nach Frankreich geheiratet und war dort als Isabeau de Bavière Königin. Ludwig baute mit eingeheiratetem Geld aus Frankreich die Residenzstadt planvoll aus; es entstand das Neue Schloss (1417/18) und das Liebfrauenmünster (ab 1425), in der die gesamte damalige Bevölkerung der Stadt gleich mehrmals Platz finden konnte.

Das Donaumoos war ursprünglich das größte bayerische Niedermoor. Es wurde ab 1790 planmäßig trockengelegt und hat dabei seinen Moorcharakter nahezu vollständig verloren. Zudem führte die Entwässerung neben dem Torfstich zu einer starken Moor-Sackung, gepaart mit einem erheblichen Bodenabtrag durch Winderosion. Bis dahin war das Donaumoos weitgehend unzugänglich gewesen und hatte rund 180 Quadratkilometer Sumpffläche umfasst. Rund 470 Kilometer meist schnurgerader Kanäle sollten die Entwässerung sicherstellen. Entlang der Gräben entstanden die typischen Straßendörfer. Dabei hatten die Kolonisten keine leichten Lebensbedingungen. Im wichtigsten Ort Karlshuld lebten schon 1804 rund 300 Einwohner. Heute versucht man mit dem Donaumoos-Zweckverband das Rad wieder etwas zurückzudrehen und im Verbund mit einem Arten- und Biotopschutz durch Wiedervernässung den verbliebenen Torfkörper zu erhalten.

Bischofsstadt Eichstätt

Die Bischofsstadt Eichstätt kam erst spät zu Oberbayern. Bis 1803 war man als unabhängiges Fürstbistum nur dem (fernen) Kaiser untertan. Daher ist in mehr als 1000 Jahren ein Unabhängigkeitsdenken gewachsen, das man nicht so schnell aufgeben konnte und wollte. Dies zeigte sich nicht zuletzt bei der letzten Gebietsreform, die Eichstätt durchaus als Sieger hervorgehen ließ: Eichstätt blieb nach kontroverser Diskussion Landkreissitz und vertritt sogar

Ingolstädter Land. Trotz des hohen Alters des Siedlungsplatzes ist Eichstätt heute eine Stadt des Barock. Der Grund hierfür lag in den katastrophalen Kriegszerstörungen durch die Schweden im Dreißigjährigen Krieg. Es entstand wieder als ein Phönix aus der Asche, unter anderem ein repräsentativer Residenzplatz, der wegen seiner architektonischen Einheitlichkeit zu den sicherlich schönsten Deutschlands zählt. Manche Autoren vergleichen den Platz auch mit einem „Saal unter offenem Himmel". Angesichts der Kleinräumigkeit der Stadtanlage sprechen manche auch von einem „Eindruck eines Klein-Salzburg".

Urdonau

Die Urdonau hatte früher einmal ihren Lauf durch das heutige Altmühltal. Erst später gelang dem Strom die Abkürzung durch die heutige Weltenburger Enge. Die Altmühl hätte alleine niemals solche breiten Einschnitte in den Jura graben können. Als einziger großer europäischer Fluss fließt die Donau nach Osten. Obwohl sie heute der zweitlängste Fluss Europas ist, war sie als Urdonau noch erheblich länger, verlor aber immer wieder Einzugsgebiete an den Rhein; in geologischen Zeiträumen gerechnet, wird sich das Einzugsgebiet der Donau weiter verkleinern. Flüsse sind lebendige Gebilde, die in unseren Zeitdimensionen konstant erscheinen mögen, in geologischen aber äußerst agil sind und durchaus neue Wege gehen können. Sie zeigen aber auch, wie eine große Vielfalt von Landschaften und historischen Wurzeln durchaus zu einer sinnstiftenden Einheit finden können. Im Falle von Oberbayern findet das Land zwischen den Alpen und der Urdonau trotz größter Vielfalt und nicht weniger natürlicher und historischer Grenzen unter einem gemeinsamen Dach zu einem gemeinsamen Markenzeichen zusammen, Oberbayern eben!

Das 1200-jährige Ingolstadt war für gut vier Jahrhunderte bayerische Landesfestung. Ein halbes Jahrhundert war man auch Hauptstadt des Herzogtums Bayern-Ingolstadt. Hier wurde die erste bayerische Universität gegründet, hier wurde das bayerische Reinheitsgebot erlassen, hier bissen sich die Schweden im Dreißigjährigen Krieg die Zähne aus.

Oben:
Man sollte sich vom Namen nicht täuschen lassen, mit dem Bau des spätgotischen Neuen Schlosses in Ingolstadt wurde bereits kurz nach 1400 begonnen.

Rechts:
Das mächtige Liebfrauenmünster in Ingolstadt ist eine spätgotische Hallenkirche. Sie sollte die Grabkirche des Wittelsbacher Herzogs werden, wäre er nicht als Gefangener in Burghausen gestorben.

Oben:
Der ehemalige Brückenkopf der klassizistischen Festung ist heute der größte Park Ingolstadts, hier fand auch 1992 die Landesgartenschau statt.

Links:
Ingolstadt ist heute ein wichtiges bayerisches Wirtschaftszentrum, die weitläufigen Raffinerien sind ein äußeres Zeichen dafür.

Linke Seite:
Neuburg an der Donau wurde nach dem Landshuter Erbfolgekrieg als Folge des sogenannten Kölner Spruchs zur Residenz des Herzogtums Pfalz-Neuburg. Die Herrscher der „Jungen Pfalz" bauten Neuburg zielstrebig als repräsentativen Gegenpol zu München aus. Erst 1808 ging das kleine Herzogtum im Königreich Bayern auf.

Das Jagdschloss Grünau wurde 1555 vom Neuburger Pfalzgraf Ottheinrich als Wasserschloss erbaut. Es ist heute eines der vielen Immobilien des Wittelsbacher Ausgleichsfonds.

Im Rahmen des Naturschutz-Großprojektes „Dynamisierung der Donauauen zwischen Neuburg und Ingolstadt" wurden rund um Neuburg Donauauen wieder zugelassen und der Donau ein kleines Stück ihres ursprünglich weiten Talraums zurückgegeben.

Seite 116/117:
Die Burg Vohburg ist eine hochmittelalterliche Burganlage mit Ringmauern und Torbau. Das unregelmäßige Oval der äußeren Burgmauer folgt dem Verlauf des Burgfelsens. Obwohl mehrmals zerstört, präsentiert sich Vohburg als imposante mittelalterliche Festungsanlage.

Links:
Hohenwart geht – wie der Name schon vermuten lässt – auf eine frühmittelalterliche Burganlage zurück.

Unten:
Schloss Bertoldsheim ist eine barocke zweigeschossige Dreiflügelanlage hoch über der Donau. Es gilt als Meisterwerk des Eichstätter Hofbaumeisters Gabriel de Gabrieli, Bauherr war ein kurpfälzischer General. Im Jahr 2005 war von der betagten Schlossherrin das meiste Mobiliar bei Sotheby's versteigert worden.

Ganz unten:
Schloss Stepperg hatte seine große Zeit, als sich die junge Kürfürstenwitwe Maria Leopoldine hier nach erneuter Heirat niederließ. Sie war als 19-Jährige mit dem gut 50 Jahre älteren Kurfürsten Karl Theodor von Bayern verheiratet worden, damit dieser noch einen Thronfolger bekäme; doch daraus wurde nichts, mit 24 war sie attraktive Witwe.

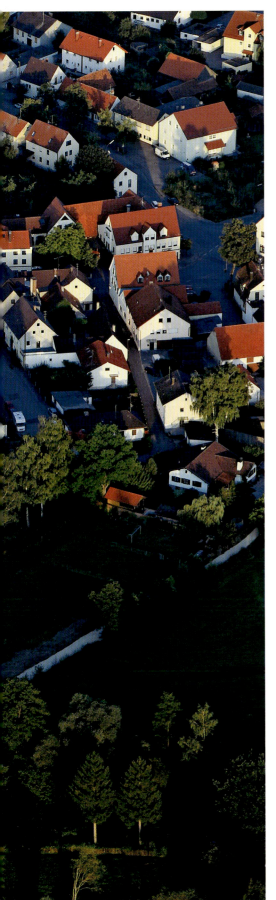

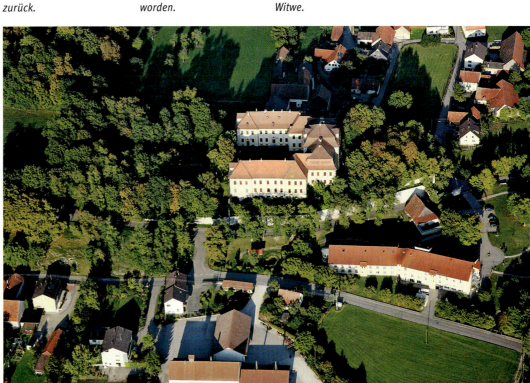

Rechts und rechte Seite:
Pfaffenhofen an der Ilm liegt im Dreieck München, Ingolstadt und Augsburg. Der Ortsname könnte sich von den Mönchen des einstigen Benediktinerklosters Ilmmünster ableiten, um deren „Pfaffenhöfe" herum schließlich die Stadt entstand.

Schrobenhausen nimmt gerne auf den Spargel Bezug, der hier in vorzüglicher Qualität wächst, und auf Franz Lenbach, der von hier auszog, um München zu erobern und alle wichtigen Persönlichkeiten seiner Zeit zu porträtieren.

Unten:
Maria Beinberg ist eine Wallfahrtskirche auf einer bewaldeten Anhöhe nahe Schrobenhausen. Obwohl einsam gelegen, zeugen viele Votivbilder von einer regen Wallfahrt und den Sorgen und Nöten der Wallfahrer.

Ganz unten:
Sankt Kastl ist ein Kirchenweiler in der Hallertau. Die spätgotische Wallfahrtskirche ist dem St. Kastulus geweiht, Patron der Bauern und Hirten.

Rechts:
Kloster Scheyern war bereits 1119 als Hauskloster der Wittelsbacher gegründet worden, als Benediktinerkloster folgt es noch heute dem Ordensprinzip: „Ora et labora" (Bete und arbeite).

Linke Seite:
Eichstätt ist eine hervorragend erhaltene Barockstadt. Insbesondere der Residenzplatz ist ein barockes Bauensemble von seltener Geschlossenheit. Hier residierten die Fürstbischöfe als uneingeschränkte Herren, bis die Säkularisation 1802 dem ein abruptes Ende bereitete.

Die Bildsprache ist eindeutig: In Oberbayern wird mehr als andernorts die Kirche schlicht im Dorf gelassen!

Das ehemalige Chorherrenstift Rebdorf in Eichstätt besaß im Mittelalter eine der bedeutendsten Bibliotheken Süddeutschlands. Ein französischer General konfiszierte jedoch um 1800 die wertvollsten der 20 000 Buchtitel und brachte sie in Paris als persönliche Kriegsbeute zur Versteigerung.

Seite 126/127:
Die Willibaldsburg ist eine Schlossfestung der Fürstbischöfe hoch über Eichstätt. Ursprünglich waren die Türme als Zwiebeltürme ausgeführt, bevor sie später um eineinhalb Stockwerke abgetragen und mit Zinnen gestaltet wurden.

Rechts:
Bei Böhming gab es ursprünglich ein gemauertes „Vorhut-Kastell", das den Limes bewachen sollte, der hier am steilen Nordhang die Altmühl kreuzte. In bajuwarischer Zeit wurde auf dem Gelände eine Kirche zu Ehren von Johannes dem Täufer errichtet.

Unten:
Kastell Pfünz war ein fast drei Hektar großes Militärlager, in dem zu Friedenszeiten rund 380 Fußsoldaten und 120 Reiter stationiert waren. Seine Tage währten nur kurz, es wurde mit der Rücknahme des Limes an die Donau aufgegeben.

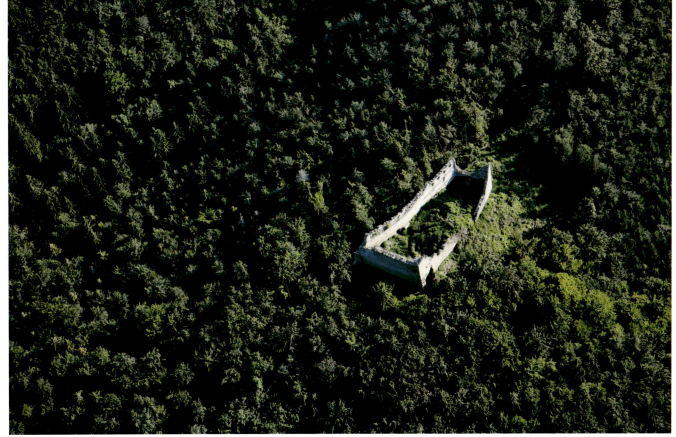

Oben:
Kipfenberg ist nicht nur der rechnerische geografische Mittelpunkt Bayerns, das Burgareal beherbergt im Römer- und Bajuwarenmuseum auch den ältesten Bajuwaren; er war germanischer Söldner in römischen Heeresdiensten gewesen und um 420 hier bestattet worden.

Links:
Die Rumburg bei Enkering ist auch als Ruine eine beeindruckende hoch- bis spätmittelalterliche Wehranlage. Sie wurde in den letzten Jahren teilsaniert und auf der Talseite freigerodet.

Unten:
Schloss Rohrbach hatte sich 1817 ein königlicher Finanzdirektor aus München gekauft, er ließ sich bei dieser Gelegenheit auch gleich formal als „Edler von Koch auf Rohrbach" adeln.

Rechte Seite:
Das Rokokoschloss Hirschberg war die Sommerbleibe der Eichstätter Fürstbischöfe. Mehrere reich geschmückte Räume stammen aus dieser Zeit, insbesondere der Kaisersaal, das Schreibkabinett, die Schlosskapelle und der Rittersaal.

Der Markt Dollnstein markiert das Ende der Uraltmühl, die hier in einem weiten Talkessel in das alte Urdonautal mündete. Der markante Burgfelsen war bereits vor gut tausend Jahren besiedelt, hatte doch der damalige Kaiser den ganzen Ort an ein Kloster verschenkt.

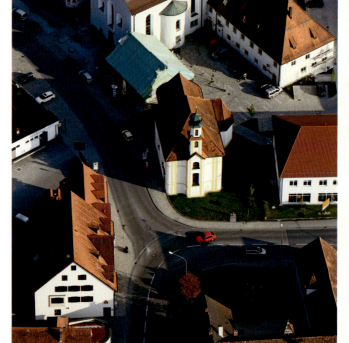

Das gut tausendjährige Beilngries ist erst seit vier Jahrzehnten oberbayerisch. Über Jahrhunderte gehörte man zum Bistum Eichstätt, anschließend zur Oberpfalz. Der lang gezogene Straßenmarkt vermittelt mit den markanten Gebäudegiebeln einen architektonisch geschlossenen Eindruck.

Rechte Seite:
Schnurgerade durch die Landschaft: Die Eisenbahn hat seit dem 19. Jahrhundert an manchen Stellen des kleinräumigen Altmühltals deutliche Spuren hinterlassen.

Register

	Textseite	Bildseite
Allerheiligen		52
Altötting		99
Altomünster		37
Ammersee		43, 82
Andechs		83
Bad Endorf		104
Bad Reichenhall	78, 79	103, 107
Bad Tölz		48, 49
Beilngrieß		132
Benediktbeuern	35	52
Benediktenwand		10, 11
Berchtesgaden	14, 78, 79	107
Bernried		84
Bertoldsheim		119
Böhming		128
Burghausen	13, 79	5, 96, 97
Chiemsee	78	8, 9, 78–81
Dachau	34	38, 39
Dießen		82
Ebersberg		43
Eichstätt	110, 111	124–127
Elmau		58
Enkering		129
Erding	35	
Frauenchiemsee	78	18, 19, 80
Frauenwörth		18, 19
Freising	14, 20, 34, 35, 48	34, 35
Fürstenfeldbruck	34	41
Garmisch-Partenkirchen	48, 49	56–58
Grafrath		43
Grünau		115
Hallein	79	
Herrenchiemsee	13, 78	80, 81
Hirnsberg		76
Hirschberg		131
Hochfelln		64, 65
Hochstaufen		109
Hohenaschau		77
Hohenpeißenberg	49	62
Hohenwart		118, 119
Ingolstadt	14, 110	110–113
Isareck		36
Ismaninger See		45
Kampenwand		70
Karlshuld	110	
Kaufering		47
Kipfenberg	13	129
Kochelsee	64	
Königssee		108
Kranzbach		59
Landsberg am Lech		47
Leutstetten		45
Linderhof		54, 55
Maria Beinberg		122
Maria Eck		104
Marienberg		99
Markt Dollnstein		132
Marktl		96
Marquartstein		93
Mittenwald	48, 49	56
Moosburg		37
München	12–15, 20, 21, 65	20–33
Neuburg an der Donau	110	114
Neuötting		94
Oberammergau		59
Oberaudorf		75
Obersalzberg		107
Osterseen		87
Pfaffenhofen		120, 121
Pfünz		128
Pilsensee		82
Raisting		61
Reischach		95
Reutberg		52, 53
Ringberg		74
Rohrbach		130
Rosenheim	78, 79	95
Roßholzen am Samerberg		74
Rottach-Egern		75
Rottenbuch	49	
Ruhpolding		98
Sachsenkam		52, 53
Sankt Kastl		122
Schäftlarn		51
Scheyern		122, 123
Schlehdorf		52
Schliersee		88, 89
Schrobenhausen		120
Seeon		98
Simssee		76, 91, 92
Spitzingsee		90
Staffelsee		86
Starnberg	64	46
Starnberger See	64	14, 15, 45, 84, 85
Steingaden	49	63
Steppberg		119
St. Ottilien		42
Tegernsee	21, 65	75, 90
Traunstein	79	
Übersee		8, 9
Unterelkhofen		42
Vohburg		116, 117
Walchensee	64, 65	83
Wasserburg	78	100, 101
Watzmann	15	70
Weilheim		12, 13, 60, 61
Weißbach		103
Wendelstein		68, 69
Wessobrunn	49	62
Wieskirche	49	63
Wildalphorn		109
Wildensee		58
Wildenwart		105
Zugspitze	15, 64	72, 73

Aus der Vogelperspektive erscheint manche Aktivität des Menschen als eine Grafik in der Landschaft – hier im unmittelbaren Alpenvorland.

Impressum

Buchgestaltung
www.hoyerdesign.de

Karte
Fischer Kartografie, Aichach

Alle Rechte vorbehalten

Printed in Germany
Repro: Artilitho snc, Lavis-Trento, Italien
www.artilitho.com
Druck und Verarbeitung: Offizin Andersen Nexö, Leipzig
© 2010 Verlagshaus Würzburg GmbH & Co. KG
© Fotos und Texte: Franz X. Bogner

ISBN 978-3-8003-4094-1

Unser gesamtes Programm finden Sie unter:
www.verlagshaus.com

Bisherige Kultur- und Natur-Luftbildbände des Autors:
(1999). Im Tal der Schwarzen Laber. Regensburg.
(2001). Im Tal von Vils und Lauterach. Regensburg.
(2001). Das Urdonautal der Altmühl. Nürnberg.
(2003). Das Tal der Uraltmühl. Nürnberg.
(2004). Die Naab – mit Waldnaab, Fichtelnaab und Haidenaab. Regensburg.
(2005). Das Land des Neckars. Ostfildern.
(2006): Der Obermain, ein Luftbildporträt von Bayreuth bis Bamberg. Bayreuth.
(2007). Rednitz und Regnitz. Eine Luftbildreise von Weißenburg bis Bamberg. Bamberg.
(2007). Der Regen. Eine Luftbildreise vom Arber bis Regensburg. Regensburg.
(2007). Mainfranken aus der Luft. Würzburg.
(2007). Die Fränkische Schweiz im Luftbildporträt. Bayreuth.
(2008). Die Donau aus der Luft. Von der Quelle bis Passau. Rosenheim.
(2008). Franken aus der Luft. Würzburg.
(2008). Die Isar aus der Luft. Rosenheim.
(2008). Das Fichtelgebirge im Luftbildporträt. Bayreuth.
(2009). Ammer und Amper: Porträt einer Flusslandschaft. Dachau.
(2009). Bayern aus der Luft. Würzburg.
(2009). Allgäu und Iller aus der Luft. Stuttgart.
(2009). Der Bodensee aus der Luft. Würzburg.
(2009). Die Pegnitz im Luftbildporträt. Bayreuth.
(2010). Die Oberpfalz aus der Luft. Regensburg.
(2010). Der Lech: Porträt einer Flusslandschaft. Dachau.
(2010). Die Saale im Luftbildporträt. Bayreuth.

Ein besonderer Dank an die Piloten, insbesondere Herrn W. Kellner (Deggendorf), Herrn P. Bündgen (Manching), Herrn G. Bachleitner (Bad Endorf) und Herrn D. Leutner (Dachau).